ルポ 高齢者のセックス

美里

Misato Nakayama

はじめに

自分の人生をやりきるために性の娯楽やサービスを利用する

取材で、介護士の方からこんなことを聞いた。

「アルツハイマー型の認知症の方は、易怒性といってちょっとしたことで過度に怒りやすくなると習います。でも、利用者さんを見ていると、長年抑えつけていたり、心残りだったりしたこと……つまり、未消化になっている感情が剝き出しになるように感じるんです。これは教科書に書いてあることではなく、私が介護士として利用者さんと接している中で感じていることなのですが」

感情の表れ方は人それぞれだという。模範的な良妻賢母で礼儀正しい老婦人が認知症になった後に男性職員にしつこく迫ったり、夫を亡くして久しく経つ女性が「また別の女のところに行って……。帰ってきたら殺してやる」と亡き夫に対する激しい憎しみを滲ませることも。家庭を顧みない遊び人の夫を持った女性が「亭主が帰ってこない。ずっと家で一人で子供の面倒を見ていた。私だって遊びたかったんだよ」と文句を言い続けるケースもあったという。その姿は、まるで心残りの中で晩年を生きているようだと彼女は言う。

「逆にやり尽くした方は清々しくなるように感じます。若い時に好き勝手やった、遊び人だったと言われるような人は、他に迷惑をかけることもなく、周りを気遣う余裕があるんですよね」

だからなのだろうか。実は女性利用者によるセクハラが介護施設や訪問介護の現場では多く見られるのだという。施設でのセクハラというと、男性利用者が若い介護士の体に触るというパターンを思い浮かべがちだが、それと同等に、いやそれ以上に女性によるセクハラが多いのだと彼女は証言する。

現在の後期高齢者は、1949年より前に生まれた人たちである。家父長制が廃止されたのは1947年。彼ら、彼女らが育ったのは、まだ父権が残り女性が抑えつけられていた時代だ。当時、恋愛結婚の割合はわずか21・4％（出生動向基本調査）。好きな男性とデートして、キスをして、抱き合うことは、憧れのまま終わった人もおそらく少なくない。結婚したら父や母となって子を育て、男は仕事に女は家事にとその役割に徹し、特に女性は一人の人間として性を楽しむことは二の次、三の次になっていた。そんな人も多かっただろう。

だが、今の時代にも自分の感情や願望を抑えて生きる人は多くいる。自分自身に「これが自分の人生なのだ」と納得させているようでも、それらは消化されずに、心の奥底で溜まり続けているのだ。件の介護士は「特に〝性〟に関しては心残りがある方が多いように感じる」と話す。

人には、食欲、睡眠欲、性欲の3大欲求があるとされている。

現代の日本では、食欲を満たすための食事は生きていくために食べるだけでなく、おいしい食事を食べるという楽しみであったり、人とのコミュニケーションの場であったりする。

睡眠についても同様で、安心して眠るための家は幸せや自己実現の象徴になることもある。また、ストレス社会で不眠という悩みを持ち始めると、寝具を改善してみたり、カウンセリングや投薬に頼ったりして心地よい眠りを求める。

食事も睡眠も様々な情報が満ち溢れ、私たちは気軽に情報交換をしたり、サービスを利用したりする。接待なら個室の高級レストラン、作るのが面倒だなと思った日にはテイクアウトを買って帰る。寝つきが良くないと感じたらサプリメントを飲み、暑さ寒さに合わせて羽根布団にしたりタオルケットにしたりする。

だが、性に関してはどうだろうか。

マスターベーションに関しては、アダルトビデオ（AV）から漫画、アニメ、官能小説というように多様なものから選べ、男性ならオナホール、女性ならバイブや電動マッサージ器などグッズも増えた。けれども、それを気軽に話せる環境かというとそうではない。なぜかこっそりひっそり楽しまなければならない雰囲気がある。

風俗店になると、男性は情報もあり、お店について話すこともあるだろう。しかし、女性の場合は遊べるお店もまだ少なく、やりたいプレイや予算によってお店を使い分けるところまで辿り着いていない。

しかも、実際利用するとなると、男女ともに後ろめたさや罪悪感を持つという人もいる。性行為に関しては相手が必要である。配偶者や恋人がいても、必ずしもその相手とできるわけではない。

自分だけの努力ではどうしようもない部分があるにもかかわらず、なぜ外食を楽しむように風俗を楽しむことができないのだろうか。

特に、中高年以降になると、日常的に性交渉を持っている人とそうではない人が大きく分かれる。セックスレスに加え、離婚や死別で独り身になったり、50歳時点の未婚率も上がっているからだ。この年齢になってくると、恋人や配偶者を見つけたいと思っても、現実的には難しいというケースも少なくない。

一方で寿命は横ばいを続けており、死ぬまでの時間は圧倒的に増えた。団塊世代が生まれた1947年の平均寿命は男性で50・1歳、女性は54歳だ。つまり、〝老後の時間〟を、ほとんどの人は持つことすらできなかったのだ。平均寿命が60歳を超えたのは男性で1955年、女性で1950～1952年になってからである。当時は老後の過ごし方について考えておくなどという発想すらなかったのではないか。だが、今や老後の自由時間は10万時間とも言われている。

この膨大な時間をどのように過ごすべきなのだろうか。

仕事を引退して社会との接点は少しずつ失われていき、配偶者や友人が亡くなり孤独や寂しさは増えていく……寄る辺のない現実にどう対処していけばいいのだろうか。

この長い老後の時間にこそ、未消化になっている願いや感情や欲望を消化できるといいのではないか……筆者はそのように思い、本書の企画をコツコツ進めてきた。

当然、やり残したことは一切ないと言い切れるほどにすべてを消化しようというのは難しい。けれども、「自分の人生これでよし。まあまあ合格点なんじゃないの？」と思えたら、きっと幸せなのだろう。

心の底に知らずのうちに溜まってしまった澱は、きっといつからでも消化を始めることができる。けれども、消化するための準備は必要だ。

そして、生老病死は誰しもが向かい合う現実である。この中の老と向かい合うことで、病や死にも思いを馳せることができ、生を充実させることができるはずだ。

本書では老いの中でも、生活の中の「性」について取材した結果を記したものである。様々な娯楽やサービスとともに、それを享受する人たちを紹介しているが、それは筆者自身のロールモデルにもなるかもしれないと共感を持って取材している。読者の皆さんにとっても、未消化になっていることを解消する準備やきっかけになれば何よりだ。

自分の人生をやりきるために、性に関する娯楽やサービスを利用することを一緒に考えていこう。

目次

第2章　増える高齢者の「出会いの場」

第3章　社会との関わりの場としての高齢者向け風俗

第4章　QOL向上のためのシニア向け性娯楽

第5章　性欲と向き合う社会へ

第1章　長らくタブーだった高齢者の性生活

元気に独り暮らしする高齢者が抱える孤独感

日本が高齢化社会に突入したのは１９７０年。高齢化社会とは高齢化率（総人口に占める65歳以上の割合）が７％を超えた社会を指す。

全人口のうち７％というのはどれくらいかというと、日本にはＬＧＢＴが10％いると言われており、それよりも少ない。存在としてはマイノリティだ。

高齢化率は１９８５年に10％、２００５年に20％を超え、２００７年には超高齢化社会に突入し、２０２３年には29・１％となり過去最高を更新している。約３人に１人が65歳以上であり、高齢者はもはやマジョリティだ。ちなみに、75歳以上の人口も大幅に増加している傾向があり、２０２２年で15・５％となっている。後期高齢者はＬＧＢＴよりも多いのだ。

また、平均寿命も大きく変化している。１９７０年の平均寿命は男性が69・８歳、女性が75・２歳だったものが、２０２２年には日本人の平均寿命は男性が81歳、女性が87・１歳まで延びた。

昨今、注目されているのが健康寿命を平均寿命に近づけることであるが、2001年に男性が69・4歳、女性が72・6歳だった健康寿命は、2019年に男性が72・7歳、女性が75・4歳となっている。高齢化社会に突入した際の平均寿命を、現在の健康寿命はすでに上回っているのだ。

健康寿命の定義は「健康上の問題で日常生活が制限されることなく生活できる期間」で、病気や障害を抱え、介護や支援が必要であっても、日常生活を自分なりに心地よく送れている人も定義に含まれる。一方で、病気や障害等で日常生活が制限されていても、意思があり、食べることも外出もでき、性欲がある人もいるだろう。

高齢化社会に突入する前のマイノリティであった頃は、高齢者の声自体が小さく、性生活の充実をという言葉は出すのも憚られたのではないだろうか。というよりも、性生活以前に高齢者を受け入れる施設等が整っておらず、住むところ、食べること、病気の治療を受けられることが優先されていたのだろう。そのことがよくわかる、1970年当時の状況を反映したインタビューを見つけたので紹介したい。

〈大学を出て建設会社に就職しまして、1970年頃に特別養護老人ホーム（以下「特養」）の設計を担当したんです。今の特養とは、ぜんぜん違いますよ。8人部屋でね、人と人の間はカーテン1枚で仕切られているだけ。部屋の中にはトイレもない。外から見えるようになっているから、プライバシーも何もあったものじゃない。学校の教室みたいな感じ。

しかも、部屋は男女一緒よ。特養の理事長に訊いたら「男女一緒のほうが、皆行儀よくしているから」とか言ってたけど…。

——それは、公共の施設なのでしょうか？

いや、民間の施設です。ただ、建設費も8割くらいだったと思うけど補助があったし、運営にも国からの助成金が出ていたから経営的には安定しているわけです。養鶏場をやめて、社会福祉法人を作ってその土地に特養を建てて、息子に継がせるといった人もいたね。

——カーテンだけで仕切られたところに詰め込まれる感じって、嫌ですよね。本人も子供にしても。

当時、特養のような施設の位置づけは「国からの施し」だったわけです。困窮者の救済、生活保護的な意味合い。だから、利用者の意思は反映されにくい。「利用者」が「提供者」と契約する仕組みなら利用者の意思が反映されるけど、国という「提供者」が権限に基づいて「利用者」を選ぶという、いわゆる「措置制度」だから最低限のことしかなされない。

介護認定の仕組みもないから、入所の可否も役所の人間が個別に判断していましたしね。利用者だって自己負担をせずに施しを受けている立場だから、意見が言いにくいでしょう〉

（シニアライフ情報ウェブマガジン『「中楽坊」スタイル』（2020年3月17日記事「特別養護老人ホームが、〝姥捨山〟だった頃」より抜粋）

今、マジョリティになった高齢者は有権者としての力も強く、医療・介護は充実し、住宅セーフティネット制度により住環境も不安がない状況になってきている。

実際、65歳以上で独り暮らしをする人は、割合としても少なくない。

2020年の国勢調査によると、65歳以上の高齢者のうち独り暮らしをしている人は男女合計671万6000人。男性の15%、女性の22・1%である。

老人ホーム等に居住する「社会施設の入所者」は179万8000人。これは男性の3%、女性の6・7%に当たる。この「社会施設の入所者」には、自立・支援タイプのサービス付き高齢者向け住宅（サ高住）や自立型のケアハウス等も含まれており、その入居者は要介護度が高くない人たちだ。つまり、バリアフリー住宅で暮らす元気な高齢者といった人物像であり、自由に外出し、娯楽を享受することも可能なのだ。

つまり、65歳以上の男性の約2割、女性の約3割は一人で暮らしていることになる。だが、その人たちが充分に他人とのコミュニケーションができており、孤独を感じていないかというとどうだろうか。

無縁社会と呼ばれる現代では、孤独死するケースが増えてきている。「東京都区部における年齢階級別の孤独死数の推移」では、2003年に2861件だった孤独死（「異状死のうち、自宅で亡くなられた独り暮らしの人」と定義されている）は2019年では5554件と約2倍になっており、うち7割が65歳以上の高齢者だ。

今から約25年前、筆者が20代前半の頃、アパートの並びの部屋に住む独り暮らしの男性がおそらく孤独死をした際に、対応をしたことがある。

ある日、知らない男性が筆者の家のチャイムを鳴らし、こう言ったのだ。

「○号室のAさんとは普段、お会いすることはありますか？　Aさんが退職された後も、度々連絡を取っていたのですが、最近連絡が取れず、ちょっと胸騒ぎして訪ねてきたのですが、チャイムを鳴らしても出ないんです」

Aさんとは顔を合わせれば挨拶はしていたが世間話もしたことはなく、表札で名前を知っている程度の関係に過ぎなかったので、不動産管理会社の連絡先を教えた。しばらくしたら業者が片付けをしており、孤独死だったのだろうと推測された。

また、筆者がヤクルトの訪問販売をしていた際、業務の一つに「愛の訪問活動」というものがあった。それは区で登録されている独り暮らしの高齢者の自宅に訪問し、商品を手渡すことで、生存を確認したり、ちょっとした話し相手になったりする活動だ。

ちなみに、2023年3月末現在で同活動は117自治体で実施されており、3万3646人の高齢者が対象となっている。この活動は、あるヤクルトレディの担当地域で独居老人が孤独死をした時に、何か自分にできることはないかと担当地域の独り暮らしの高齢者宅に自費でヤクルトの配達を始めたことがきっかけと言われている。

筆者も何軒か独居老人への訪問を受け持っていた。老人たちは大抵の場合は家におり、ずっとテレビを見ている生活を送っていた。

だが、このような活動で人と触れ合える時間はごくわずかだ。話す会話も数分程度である。これで孤独は解消されるのだろうかと疑問を感じていた。

内閣府による「高齢者の生活実態に関する調査」（２００９年）では、独り暮らし世帯の人は会話が少ない人が多く、「会話が2～3日に1回以下」と回答した男性は41・2%、女性は32・4%にものぼる。特に、未婚者や離別者で会話が少ない人が多く、「会話が2～3日に1回以下」と回答した未婚者は33・0%、離別者は27・0%だ。

また、困った時に頼れる人の有無では「頼れる人がいない」と答えた人が全体では3・3%なのに対し、独り暮らし世帯では男性は24・4%、女性は9・3%が「頼れる人がいない」と答えている。こちらも、未婚者や離別者で「頼れる人がいない」と答えた人が多く、未婚者は20・2%、離別者は11・3%だ。

日常的に会話がなく、困った時に頼れる人がいないという状況に、高齢者はどのように向き合っているのだろうか。

「愛方」的な存在を求めるシニアたち

都内に住むGさん（男性・69歳）は週に1回程度、掃除を中心とした家事をしてもらう30代の女性に来てもらっている。Gさんは長らく小さな会社を営んでおり、いわゆる裕福な高齢者だ。頻繁に理容室に行き、アウトドアブランドのカジュアルファッションを着こなすなど、見た目も気持ちも若々しい。

家に通ってくれている女性は、いわゆる〝家政婦〟ではない。知人を介して知り合った愛人のような位置付けで、つまり男女の仲なのである。ただし、家政婦的な仕事もこなしているのだ。

家政婦ではないので何時から何時までの勤務時間とは決まっておらず、毎週何曜日に訪問するとも決まっていない。会った日に、「じゃ、来週は○曜日に」「来週は忙しいので、再来週に」といった具合に会う予定を決める。ただ、女性はシングルマザーのため、午前中に来て子供が帰宅する夕方には帰る、というのがなんとなくの決まりごとになっているそうだ。

会う日は、掃除をしてもらい、昼食を作ってもらうか外食をして、一緒に食事をする。その後、ちょっとした性行為を持ち、女性は帰宅する。Gさんは女性に対して、「きれいな人だな」「支えてあげたい」という気持ちがあり、女性のほうもGさんに対し「尊敬している人」「男性としても人としても魅力を感じている」との気持ちがあるのだという。つまり、お互いに好意、愛情、信頼のような感情を持っているのだ。

性行為はする時もあれば、しない時もあり、それはGさんのコンディションやお互いの気分による。Gさんは過去にがんを患ったこともあるが、それ以外は特に大きな不調もなく、時折、友人と食事をするなどコミュニケーションはあるものの、普段は1人で日常生活を取り回している。40代で離婚した後は再婚したいという気持ちもないため、その時々で、このような女性と付き合っているという。

ただし、この女性との交際では対価が発生している。その対価は、家政婦よりも多いが、昭和のバブル時代にあったような「お手当を渡して愛人を囲う」ほどの大金ではない。女性が受け取っているのは、訪問回数にもよるが月に10万～15万円程度である。

だが、この女性が無料でGさんに対して、身の回りの世話をしたり、男女の行為をしたりするかというと、それもないだろう。

一般的にこのような関係は愛人やパパ活というのかもしれない。けれども、関係性には、柔らかさというか優しさというか、そういう人間的なつながりがあるように思えるのだ。

恋愛とまではいかないが、単なるお金を介した男女の付き合いというものではない。友達以上配偶者未満の関係、でも恋人ではない。

本書では、そういう存在を相方にちなんで「愛方」と呼んでいく。

このような対価は発生するものの、孤独を癒やしてくれる人間関係を求めている高齢者は少なくないのではないか……取材をしているうちにそう思ったのが、本書を書くに至った発端である。

今、紹介した事例は、生活にかなりゆとりのある人や人とのつながりがないと叶えられないものだが、実際に、このケースのようなことを具現化できる人はどれくらいいるのだろうか。

「令和2年版高齢社会白書」（内閣府）では、60歳以上の者を対象に行った調査で、経済的な暮らし向きについて「家計にゆとりがあり、まったく心配なく暮らしている」と答えたのは20・1%である。このような世帯では、紹介した事例のようなこともできるのではないか。

棺桶にお金を入れてあの世に持っていくことはできないのだから、独り暮らしで会話する機会も乏しいシニア富裕層は、家事労働を無料でしてくれる配偶者を求めるのではなく、Gさんのような愛方を得て、この世で経済を回すほうが社会のためにもなる。

ちなみにGさんの愛方は、シングルマザーということもありお手当には非常に助けられているという。社会のためにもなり、感謝もされ、いいことずくめに思うが、世間では「いい歳して愛人を囲っている」「ボケて悪い女に騙されているのでは?」などと言われることもあるかもしれない。これは社会の意識を変えていく必要があるだろう。

逆に、高齢者世帯で「家計が苦しく、非常に心配である」と答えたのはわずか5・1%である。約半数の54%は「家計にあまりゆとりはないが、それほど心配なく暮らしている」という状態だ。これらの世帯だと、Gさんのようなことはできないだろうが、本書では、様々な娯楽やサービスを紹介しており、かかる予算もピンキリだ。「これなら利用できる」というものがあるはずだ。

セックスレスの60代は男性約6割、女性約7割

次に、既婚者や中高年世代のセックスについて見ていきたい。

少々古いデータになるが、「日本性科学会」が２０１１～２０１２年に行った、40～79歳の配偶者がいる男女を対象とするセックスに関する調査がある。同調査は１９９９～２０００年にも実施されており、その期間の変化を見ることもできるが、10年間でセックスレスの数が大幅に増加していたのだ（同調査の結果により「セックスレス」が注目され始めた）。

２０００年における調査では、全回答者の約53％が「月に1回以上の性交渉あり」となっていたが、２０１２年の調査では約半分の23・５％となった。夫婦間のセックスレスが大きく進行している。

日本性科学会発行の『日本性科学会雑誌Ｖｏｌ・32 Ｓｕｐｐｌ・２０１４』に掲載された「２０１２年・中高年セクシュアリティ調査特集号」での「調査結果と分析」「調査結果の全データ」によれば、２０００年と２０１２年の調査の比較で、1年以内に全く

セックスをしていない人が２０００年調査では４人に１人だったのが、２０１２年調査では２人に１人以上になり、夫婦間のセックスレス化が著しく進行している。その半面、配偶者以外の異性との親密な交際は男女ともほぼ3倍に増えていた。

中高年以降になると、日常的に性交渉を持っている人とそうではない人が大きく分かれ、ほとんどの人が特に夫婦間の性交渉がない状態となっている。

２０２０年に日本家族計画協会が行った調査「ジャパン・セックス・サーベイ２０２０」によると、50代の男性では45・３％、60代の男性では62・２％、50代の女性では65・８％、60代の女性では69・４％が、１年以上セックスがないということが判明した。

これまでの筆者の取材においても、セックスレスについては経験談もすぐに集まる。年代別セックスレス座談会やセックスレスの男女がそれぞれ意見交換をする座談会なども開催したことがあるが、セックスレスを解消できたという経験談は集まりにくい。いままでにわずか2例しか話を聞いたことがない。セックスレスが長く続いた夫婦やカップルが、性生活を再開するのはなかなか難しいようだ。

特に、30〜40代の子育て時期では、時間的にも金銭的にも余裕がない。配偶者とのセックスがなくなってしまうと、外に求めるのもなかなか厳しい。そうこうしているうちに、セックスレス10年選手、20年選手へとなっていく。

もちろんしたいと思わなければする必要はないのだが、50代の男性の81・2％は「セックスがしたい」（「よく思う」「たまに思う」の合計。以下同じ）と答えており、60代の男性の72・4％が「セックスがしたい」と答えている。これは20代男性が「セックスがしたい」と答えた69・9％よりも多い。

女性については50代で30・7％、60代で18・0％が「セックスがしたい」と答えている。女性の方が「したい」という気持ちが少ないのは、性欲に影響を与えるのはテストステロンという男性ホルモンで、もともと男性は女性の5～10倍のそれがあるということが要因にあるのかもしれない。また、50代女性の59・2％、60代女性の56・8％は性交時に痛みがあり、50代女性の56・3％、60代女性の41・7％は痛みのために満足できないと答えていることにも理由があるかもしれない。年代的にも、女性らしさに貞淑さや控えめであることが求められた世代なので、性的な欲求を表に出すことにためらいがあるかもしれない。

様々な理由が考えられるが、もう一つ、女性は趣味など他のコミュニケーションの部分で満たされてしまうこともあるようだ。

朗らかな笑顔とセミロングの艶やかなヘアスタイルが魅力的な女性のMさん（バツイチ独身・63歳）の例を紹介したい。

「30代でダンナが浮気をしていた時は『私もしてやる‼』と思ったし、離婚後の40代では複数人のセフレ（セックスパートナー）がいた時期もあるくらいしたかったのよね。でも、更年期を過ぎた50代半ば頃から、不思議なくらいスーッと性欲がなくなっちゃって。一方で、習い始めたダンスにハマっちゃったの」

ということだ。だが、このMさんには40代の時から付き合っている同世代の彼氏がいる。彼氏のほうも性欲が落ち気味なので、会うたびではないが1～2か月に一度はホテルに行くことがあると話す。

「自分からすごくしたいという気持ちになることはないけれど、昔から付き合っている人と抱き合うと、安心するというか、やっぱりいいなあとは思うのよね。彼と別れることがあったら、また誰かと付き合いたいと思うかどうかは、その時になってみないとわからないけれど、今は月に1～2度くらいのペースで会って食事して喋って、たまにホテルに行ったりできればいいかな」（Mさん）

欲しいのはセックス（挿入のある性行為）ではない、ハグやキスなどでも充分満たされる……女性にはこんな感覚の人も多いのかもしれない。

閉塞化する性の娯楽やサービス

さて、前出のGさんもMさんも、非常に若々しく「高齢者」「老人」「シニア」と呼ぶのは憚られるくらいだ。熟年と呼ぶのがふさわしく、ファッションや髪型にも気を使い、飲みに行ったり、趣味を楽しんだりと、生活を楽しんでいる。

高齢化が進むにつれ、年齢に対する感覚は大きく変化してきたのではないだろうか。例えば、磯野家の波平さんは54歳、フネさんは52歳（原作では48歳）なのだが、今の感覚からすると、波平さんとフネさんはもっと年上のように感じる。波平さんと同じ54歳の芸能人には福山雅治さんがいて、フネさんと同じ52歳には木村多江さんがいる。

また、１９７０年代では55歳を定年にする企業が主流だった。年金の受給開始は60歳。つまり、波平さんもフネさんもご隠居間近な老人として描かれているのだ。

しかも、現在の定年世代はもっと若々しい。60歳の芸能人を何名か挙げてみよう。タレントの川合俊一さん、俳優の唐沢寿明さん、タレントの香坂みゆきさん、キャスターの飯星景子さんらが60歳だ。男としても女としても現役感が漲っている。

厚生労働省が行う「スマート・ライフ・プロジェクト」では「健康寿命をのばそう」をスローガンとし、平均寿命と健康寿命の差を縮めることを掲げている。

健康寿命は2019年の調査では男性が72・7歳、女性が75・4歳になっている。平均寿命は男性が81・4歳、女性が87・5歳だ。男性には8・7歳、女性には12歳の開きがあるものの、2010年の調査時よりも縮小傾向にある。

平均寿命の推移から考えても、日本が高齢化社会に突入した1970年と今では、高齢者の概念というもの自体が10年くらいずれており、高齢者は後期高齢者に限ってもいいのではないかと思うのだ。

さて、この健康寿命を考えた時、心身の健康と幸せ、生活の充実に「性」の問題は欠かせない一つのテーマだと考えている。

生きがい、趣味、仕事、食事、人付き合い……様々な要素が人生の質（QOL）を上げることにつながっている。心身ともに充実した生活を送りたいと考えた時、性生活の充実や恋愛のパートナーの存在は本来大きいはずだが、そこに対するロールモデルは、高齢者に限らず、若年~中高年世代であってもなかなか見つからないのが現状だ。

世界保健機関（ＷＨＯ）では２０２２年に、性の健康は生殖年齢期に限らず、思春期から高齢期まで人の一生に関わるものであると発表した。ライフステージによってニーズは変わっていくこと、セクシュアリティや性的関係に対して個人を尊重したアプローチが必要であることが強調されている。そのような発表に至った経緯には、国際疾病分類（ＩＣＤ）に、「性の健康」の章が初めて設けられたことに関係している。

性の健康については、セクシャルウェルネスという言葉も生まれ、身体面だけでなく、精神的にも社会的にも健康であることの重要性が問われ始めている。

しかし、現在の日本では「性の健康」については、個人の努力に頼る部分が大きい。女性の生理や妊活、ピルなど避妊、更年期といった主に医療面では「フェムテック」という概念ができたことにより、性についての悩みを解消し、ＱＯＬを上げる取り組みがされ始めている。しかし、医療分野においては日常生活に組み込まれているものの、娯楽やサービスは分断されているように思えるのだ。

では、娯楽やサービスまでを含んで包括的に社会的な支援をしたり、性の健康を育むためにオープンに話せる機運をつくる動きとなるとどうだろうか。２度目の東京オリンピックを前にコンビニでは成人雑誌が売られなくなり、ウェブコンテンツでも記事の中に「セックス」や「風俗」などの言葉があると事件報道以外はヤフー等で配信がされなくなった。一時期、「死ぬまでセックス」という特集が週刊誌等でブームとなっていたが、その頃よりも、窮屈になっている感じがある。

私事だが、筆者は20代の頃にパートナーと4年近くセックスレスになったことがある。その時、「もうセックスできないんじゃないか」と不安になり、パートナーから女性として扱われないことでとても自尊心が低くなり、簡単にいえばメンヘラ化した。その際にはセックスパートナーも一時的につくったのだが、どうもしっくりこなかった。20年以上前のその当時はほとんどなかった女性用の風俗が気軽に利用できたり、アダルトグッズがもっと買いやすければいいのに、と思った。

筆者が当時アクセスできたのは、体験取材をしたレズデリヘルやネットで探して「ここなら安心して購入できそうだ」と感じた女性用の自慰グッズ、そして友人に連れられて行ったLGBTのショーパブ、2丁目のウリ専バー、男性ストリップだった。その後も、自慰グッズは気に入ったものを継続して利用し、楽しかったショーパブと男性ストリップへは、一人でも足を運んだ。

だが、今、振り返って考えると、男性に比べると娯楽やサービスが少なく、ネットがそれほど発達していなかったこともあり、情報を得る媒体もほぼなく、どのお店が安心して利用できるのかという判断がうまくできなかったため、一度行ったお店に通うしかないという状態であった。ライターという仕事に就き、アダルト業界とのつながりがあってもこの状態なのだから、一般の女性にとっては「近寄ってはいけないヤバいところ」というイメージが強くあったのではないか。その頃に比べ女性用風俗が増えてきたとはいえ、女性が性の娯楽やサービスを受けようとすると、やはりまだハードルは高い。

さらに、高齢者の場合、「あの歳にもなって、まだ異性の裸を追いかけたいのか」などという目で見られ、年齢的な足枷が加わるのである。

恋愛やセックスは個人が持つ権利

「本来、性行為は自由なものです。自分とパートナーがそのことを受け入れていて、法律を守り、他人に迷惑をかけなければ、自分たちが好きなように、自由に行動すればよいものです。自分の中のエロス（嗜好）や性欲に従って、パートナーと楽しめばよいのです。どんな妄想をしても、どんな行為をしても、人にとやかく言われる筋合いはなく、関係のない他人に責められるようなことではありません。性の権利、性の健康はその人個人のものです。歳をとっても元気な人はどんどんやったらいいですし、パートナーがいなくなったら独身ですから誰と付き合ってもいいですよね」

こう話すのは泌尿器科医で聖隷浜松病院リプロダクションセンター長の今井伸医師だ。著書に『射精道』（光文社新書）、『中高年のための性生活の知恵（共著）』（アチーブメント出版）などがある。

とはいえ、実際行動に起こしてみたら、子供世代が嫌がった……なんてこともあるだろう。これまでにインタビューした高齢者の中には、「子供たちには恋人がいることがバレて交際に反対され、子供家族と同居しているため、家に呼べなくなりました」と話す人もいた。個人の持つ性に関するモラルや正しさの背景には宗教や政治的思想など様々な要因があるだろう。しかし、子供が親の恋愛や性生活に干渉するというのは、果たして健全なことなのだろうか。

「子供の恋愛に口を出す親もいるかもしれませんが、それって子供からしたら嫌なことじゃないですか。立場が逆になっても同じですよ。恋愛やセックスをすることは一人ひとりの権利だから、その人の権利を侵害する権利は誰にもありません。以前、『人のセ

ックスを笑うな』という映画がありましたが、僕は僕、あなたはあなたですよ」（今井医師）

性に関しては、その人個人が持つモラルや正しさを、近しい人に押し付けてしまいがちな側面がある。しかし、自分のセックスは自分が決めるもので、他人が決めるものではないのだ。それは、高齢になった人であっても同じことである。

特に、高齢者ともなると、パートナーと死別して独り身になる方も少なくない。若い時は違い、いわゆる「結婚をゴールとして恋愛を育むという一般的に正しいとされる恋愛」が、高齢に差し掛かった時にも理想的であるとは限らない。

前著『高齢者風俗嬢』（洋泉社新書）で取材をした時に、妻に先立たれた後、手料理が恋しく、週に1度デリヘルを利用して卵焼きを作ってもらい一緒に食事をしたり、背中を流してもらったりと、まるで夫婦のような時間を持った後にプレイに臨む男性の話を聞いた。

また、ある高齢女性からは、夫が亡くなった後、60代の年下の彼氏ができ、70代になって初めてラブホテルに入り、ＡＶを見てとても興奮したという話も聞いた。その女性は、彼氏から「あなたがこういう作品に出ているところを見てみたい」と言われ、ＡＶ

女優としてデビューしたというエピソードを持つ。彼女が言うには、「スケベな人が長生きするのよ」ということなのである。

これらの話から、ただ単純に性欲を満たしたいのではなく、いくつになっても異性との接点を持ち、温かい存在に癒やされたり、楽しい時間を過ごしたりしたいと考える高齢者は確実にいることがわかる。そして、このように人生を前向きに過ごすことで、心身にも良い影響があるだろう。

以前、シングルマザーの40代後半女性から、久しぶりに恋人ができてセックスをしたら出血があり、何か悪い病気かと心配になって病院へ行ったら、終わったと思っていた生理が再開しただけだったという話を聞いたことがある。恋愛やセックスが人の体に与える影響の大きさを感じさせられるエピソードである。

「受診のたびに、奥さんに先立たれて辛いと言っておられた方が、異性のお茶飲み友達ができたのをきっかけに、急に活気が出て服装までパリッとしてくる……なんてことは外来でも時々あります。人からどう見られているかを気にする方は、年齢よりも若く見えますね。人に頼らないで自分でなんとかしようとしている方、泌尿器科で言えば高齢で自己導尿をされている方などは、頭もはっきりしているし、元気な印象があります。

なんでも自分でちゃんとやろうとすると、いろいろと考えるので良い影響が出てくるのでしょうね」（今井医師）

前出の女性のケース以外にも、高齢者の性を取材する中では不思議なことを様々に聞いた。一般的に女性は閉経をすると膣萎縮が起こり、性液も出にくくなって性交痛が出やすくなると言われている。しかし、夫に先立たれた後、20年近く性交渉がなかった女性が、ある日、40代の年下の男性から求められて応じたところ、若い頃と変わらないほどにしっかりと膣潤滑液も出て、痛みも感じずに楽しめたというのだ。

「エビデンスやデータなど根拠を求めることは大事です。でも、人間はコンピュータではありません。データに出ていない部分、わかっていない部分もあるわけです。ガイドライン的にはこっちの治療法が正しいとされていても、条件によってはできないこともあります。より多くの条件を踏まえて最適解を生み出すために、考えうる根拠をもとに正しいと思われることをするのも必要なのですが、性の健康のジャンルでは感覚で補うことが多い気がするんですよね」（同）

確かに、勃起を治療したいという方が受診したとして、年齢やEDになってしまった原因や持病はあるのかという医学的な面だけでなく、パートナーはいるのか、どんな頻度でどんな内容で性生活を持っているのかなどプライベートな条件によっても、治療の方針は変わってくるだろう。

「勃起させるにしてもバイアグラなのか、シアリスなのか、海綿体注射なのか、はたまた違うアプローチもあるのかと考えた時に、対話の中で得た情報からアドバイスできることもあります。そのためには患者さんの話をしっかり聞かなければならないし、聞いた上でどの選択肢が良いか考えることができなければなりません。僕自身は、親友の恋愛相談に付き合っている感覚に近い感じで、真剣に問診をして、どうしたらいいか一緒に悩んでいます」(同)

なかなか気軽に話すことができない〝性〟について

ところが、ここでネックになるのが〝性のことはオープンに話しづらい問題〟だ。親しい間柄でも、「この人ならぶっちゃけて話せるけれど、この人には話しにくい」と人を選ぶ話題である。

日本性科学会には、全国で性のカウンセリングを専門に行っているセックスカウンセラーについて紹介されているが、学会認定セックスセラピストは32人、セックスカウンセラーは13人で、そのうち実際に相談することができ、連絡先が公開されているのはわずか30人しかいない（2023年12月現在）。

また、話す場所も限定される。例えば、電車の中でセックスレス談議はしにくいし、お酒の入った場や男女2人きりの場だと「誘っているのかな？」と勘違いされることもある。真面目に「セックスレスを解消したくて悩んでいる」「性のパートナーが欲しいけれど、どうしたらいいのだろう」と相談できる場は、意外と限られている。

「これは社会が悪いと思っています。江戸時代までは、日本庶民の中で性はおおらかに楽しまれていました。ところが、明治時代以降は性をタブー視する風潮が強くなっていき、いまだにその風潮が色濃く残っています。性欲は食欲、睡眠欲と並んで人間の3大欲求の一つです。食事や睡眠については、誰もが日常会話の中で話題にしますし、憚られることはありません。でも、性行為だけそうじゃないんですよね。みんなが性をタブー視しなくなり、性に関する相談も日常会話の中でできるような世の中になってほしいという願いを込めて、『射精道』を書きました。ちなみに、結婚生活で大事なのは下と舌だと思いませんか？　この2つの相性が良かったらかなり安定した関係だと思うんです。

性生活においてもいろんな好みや癖（性嗜好）があるので、性的な相性が合わなければパートナーとして成り立たない可能性がありますよね。自分自身の性嗜好を知った上で、性的な相性も考えてパートナーを探すことは大事なことだと思うのですが、その他の条件ばかり気にする人って多いですよね（笑）」（同）

確かに、それも〝性のことはオープンに話しづらい問題〟によって起こる弊害かもしれない。交際や結婚をする際に、性の好みやセックスする頻度など、どんな性生活を持ちたいかということは、前もって確認する人はどれだけいるだろうか。

自分を振り返ってみても、「好意があれば、自然にするもの」くらいの感覚しかもっていなかった。交際前に「どんなセックスをしたいか」などと話し合ったことはない。幸い夫とは、交際してからセックスについて話すことができたため、例えば産後の時期は「性欲がなく、濡れにくいためちょっと辛い。する場合はローションを使いたい」などと、お互いの体調などに合わせて頻度を減らしたり、工夫したりすることもできたが、言い出しやすい関係になっていたから言えることであり、話せる関係でなかったら、産後の時期などにもスムーズに切り出せたかどうかわからない。「産後で性欲がないなどと言ったら、『もうしたくないのか？　子供を産んだらもう用無しか!!』と怒らせてしまうのではないか」と考えてしまう人もいるのではないか。

同じように、オープンに話しづらい問題には「死」もある。厚生労働省の「平成29年度　人生の最終段階における医療に関する意識調査結果」では、人生の最終段階における医療・療養について考えたことがある割合は59・３％（20代〜85歳以上の全ての年代だ。また、「あなたの死が近い場合に受けたい医療・療養や受けたくない医療・療養について、ご家族等や医療介護関係者とどのくらい話し合ったことがありますか」という設問では、ご家族等や医療介護関係者と話し合ったことがある（「詳しく話し合っている」「一応話し合っている」の合計）60歳以上の人の割合は46・６％で、全く話し合ったことがないと答えたのは約半数の47・６％だ。

話し合ったことがない理由としては、「話し合うきっかけがなかったから」が最も多く、次に多いのが「話し合う必要性を感じていないから」だった。

だが、確実に人は老い、そして病気になることもある。実際、筆者は現在47歳なのだが、明け方に起こるみぞおちと背中の痛みが続くので病院に行ったところ、次々と検査させられて冠れん縮性狭心症と診断された。幸いさほど重くなく、夫には「よかったね、朝起きたら隣で私が死んでた……なんて状況の前にこの病気がわかって」などと話すこともあるが、その一方で「どちらが先に死ぬのだろうか」と一人思い悩むことようにもなった。

その際、身内の終末期を思い浮かべることもある。祖母は脳溢血の２年後に脳梗塞を起こし、まさにポックリという言葉がふさわしい状態で亡くなった。脳溢血から生還した後は日々身の回りの整理をし、それを筆者も手伝った。足は不自由になっていたものの、付き添いがあれば旅行も行けて会いたい人に会うこともできた。その終末の姿を見て、「できればこのように逝きたい」と感じた。

現在、終末期の延命治療についての是非が報道されることがある。延命治療とは、衰弱や病気などで何らかの治療行為を行わなければ生命の維持が難しい人に対し、「延命」を目的に治療することを指す。つまり、回復のための治療ではない。心臓マッサージや人工呼吸器の装着などによる心肺蘇生の他、人工透析や輸血、胃ろうや経管栄養なども含まれる。

古い資料になってしまうが、２００７年に日本医師会が発表した資料では、終末期の１日当たり入院医療費単価は平均３万１８００円ということだ。

延命治療についての議論がされるものの一つに脳血管系の病気を起こしたり、末期の認知症で、衰弱しながらも死ぬに死ねない状態の高齢者がある。コミュニケーションは取れず、食事も取れないなど、すべての日常行為に介護や医療が必要な状態だ。この状態になった時点で、延命治療をどの程度望むのか、それを本人が伝えられることはほぼない。

厚労省の調査では、「認知症が進行し、身の回りの手助けが必要で、かなり衰弱が進んできた場合にどの治療方針を希望するか?」という問いに対して、「肺炎にかかった場合、抗生剤を飲んだり点滴したりすること」については51%、「口から水を飲めなくなった場合の点滴」は47%と約半数が希望すると答えている。しかし、「口から十分な栄養をとれなくなった場合、手術で胃に穴を開けて直接管を取り付け、流動食を入れること（胃ろう）」を希望すると答えているのはわずか4・8%だ。

どのように人生を終えたいかということは、どのような人生観を持っているかということになり、何が正しい、正しくないとは言えない。ただ、一つ言えるのは、意思があるうちに家族など身近な人に伝えておかないと、その通りの最期を迎えられないことになる。望まない生き方のために、多額の医療費をかける事は筆者なら苦痛だ。

自分がどのような最期を迎えたいかということに加え、配偶者やパートナーがいる場合、相手が先立つことも考えておかなければならないだろう。どれくらいの年齢から、どれくらいの割合で、どんな病気が出てくるかということを調べて具体的に知っておくのも一つの手である。

老後2000万円問題が社会的な騒動となって以降、老後資金をいかに蓄えるかということは若いうちから考えるようになった。けれども、配偶者やパートナーに先立たれた後、どのように生きていくかということは、なかなか考えづらい。心中するなら別だが、どちらかが先に逝くのだ。

「生活面、経済面、精神面のどこで相手に依存しているかは人によって異なりますが、パートナーがいなくなった時に、自分がどういった生活をするのだろうと、心の準備をある程度しておくことが必要なのではないでしょうか。50代を過ぎたら考えておいてもいいことだと思います。『死ぬことを考えるなんて縁起でもない』と考えないようにしているのかもしれませんが、現実的な問題です。縁起が悪いという言葉ほど非科学的なものはないのではないでしょうか」(今井医師)

特に男性は生活を自立させることが第一だろう。炊事や洗濯などの家事ができ、余暇の過ごし方をどのようにしたらいいかということは、配偶者に先立たれた後にも必要なスキルだが、仕事から引退し夫婦2人の生活になった後も必ず役立つ。

多様なパートナーシップを結ぶ高齢者たち

では、配偶者を亡くした後にも、愛方がいることで人生に及ぼす効果はどのようなものがあるのだろうか。

『こんな風に逝きたい』（講談社）、『ひとり終活』（小学館新書）などの著書をもつ一般社団法人シニア生活文化研究所代表理事の小谷みどりさんに、配偶者に先立たれた後の高齢者の出会いやパートナーシップについて話を聞いた。小谷さんご自身も夫を突然死で亡くしており、立教セカンドステージ大学講座「最後まで自分らしく」を受け持ったことがきっかけとなり「没イチ会」を結成している。

「認知症の予防効果がすごくあります。厚生労働省では、65歳以上の独り身男性の6人に1人、女性だと20人に1人は、2週間のうち1回も喋ってないというデータを発表していますが、そういう人たちの認知症予防となります。恋愛に限りませんが人と会う機会を持つとなると、ちゃんとお風呂に入ろう、身だしなみを整えようとなり、また、会話をするために日頃から話題を探すようにもなりますね。そうなると同じニュースを見ているのでも違います。こういったことで脳が活性化しします」

ただ、悩ましい部分がある。それは、結婚や男女交際に対して古い考えを捨てきれない人がいることだ。特にそれは男性に顕著だという。

「性別分業意識が強い人が多く、例えば婚活パーティなどで、『健康で家庭的な人がいい』などと女性に対して言ってしまうんです。でも、それって家政婦ですよね。女性は、『だったら、家政婦を雇えばいいじゃない』と感じてしまいます。そこに男性が気づかないといけません。これまではお母さんや妻が家事や身の回りのことをしてくれたため、男性は女性がいないと一人で生きていけないという感覚なのかもしれません。しかし、料理を作ってくれる女の人がいてほしいというような考え方ではなく、男性も自立しないといけません。趣味を楽しもう、いろんなところに旅行へ行こうと、一緒に人生を楽しんでいこうという姿勢が必要で、相手が欲しいならこういう部分で自分をアピールすることが必要なんです。というのも、男性は男同士ではなく女性と話したいのですが、女性は女同士でも話せるし、女同士でも旅行に行けるんです。中には、男で苦労したため男はこりごりと言う人もいます。だから、問題は男性側なんです」（小谷さん）

つまり、長い老後の時間を、お互いに刺激し合って豊かなものにしていこうという視点で、共に新しい日常を切り開いていくことが大切なのだ。そのためには、相手に「〇〇してほしい」と求めるのではなく、「自分はこういう人間で、このように人生を楽しくやっていきたいから、こんなことを提供します」と他人に伝えられることが必要だ。

小谷さんによると、外国人記者クラブで先のような話をすると、「日本の高齢者はおかしい」と海外の記者から言われるそうだ。「普通は好きな人がいて、この人と一緒にいたいと思うもの。なぜ具体的な相手がいないのに、一緒にいる相手を求めるのか？理解不能だ」と。

つまり、一人でいることがゼロ地点ではなくマイナス地点になってしまっているのだ。そのマイナスを埋めるために相手が必要だという姿勢では、「なんであなたのマイナスを埋めるために、私が与えなければならないのか」と拒否されるのは当然だ。

だが、お互いにゼロ地点に立ち、プラスになることを見つけていこうとなれば、その後の毎日は楽しみの多い豊かなものになるだろう。炊事や掃除など生活の面倒な家事は2人で助け合い、恋愛や性生活など2人でないと得られないものを積極的に貪欲に味わっていこうという関係だ。

「中高年以降で出会いを求めている方たちは、多様なスタイルをとっています。その理由は2つあります。子供を産むわけではないから入籍する必要がないというのがまず一つ。次にお金の問題。一緒にいられる時間が短いから、入籍すると財産がどうなるのかという問題が出てきたり、お互いに子供がいるケースだと相続でモメる可能性も出てきます。つまり、一緒にいたいだけなので結婚というスタイルをとる必要がないんですよね。一人で旅行に行くのは寂しいから旅を共にする相手、週末だけ一緒に暮らす相手、一緒に暮らすけれど事実婚……多様なパートナーシップが可能なんです。これって時代の最先端をいっているとも言えますよね。余談ですが、これって子供たちからするとありがたいことだと思いません？　入籍しないので遺産は相手に持っていかれないのに、親の面倒は見てもらえるんですから」（同）

愛方がいることで認知機能を上げ、生き生きとした楽しい日常を送れるのであれば、多少の出費があっても子供は目をつぶったほうが良いのではないか。不良老人になって楽しく遊んだ結果、ピンピンコロリを実現できたのであれば、介護の時間も減って何よりではないか。

第2章　増える高齢者の「出会いの場」

EDやセックスレス、別居、離婚……様々な性生活上の問題

これまでに数多くの性に関する悩みや問題に対応してきた今井医師には、忘れられない夫婦がいるという。それは前立腺の全摘出の手術をした70代半ば（当時）の夫・Aさんとその妻・Bさんのご夫妻である。

「前立腺がんで前立腺全摘出をする場合、性機能温存を目指した神経温存の術式がありますが、Aさんは残念ながら神経温存ができないケースでした。そのため、術後に勃起しなくなり、なんとかしたいということで私のところに受診されました。神経温存してない場合は、PDE5阻害薬（バイアグラ、シアリスなど）が効きにくいため、PGE1（プロスタグランディンE1の海綿体注射）を提案しました。すると反応が良かったんですね。これを定期的にやってリハビリしていきましょうということになり、2週間に1回、外来にいらしていました。そんなある日、『注射をした日にセックスしてもいいですか？』と聞かれたんですね。そのため『構いませんよ。全く問題ありません』とお答えしました」

すると、Ｂさんも一緒に受診するようになり、注射を外来で打った後、そのままホテルにチェックインし、夫婦の時間を楽しむようになったのだという。

「素敵だなあと思いましたね。こういうふうに喜んでもらえると医者冥利に尽きます」（今井医師）

ただし、海綿体注射は日本ではまだ自己注射が認められておらず、外来での投与のみで、しかも自費診療である。性の健康がＷＨＯでも提唱されているのだから、術後のリハビリなど一定の条件下では保険治療が認められてもよさそうなものだ。

それはさておき、ＡさんＢさんご夫妻は、諦めていた性生活を取り戻せたケースだが、このように夫婦円満を実現できる人ばかりではない。

ある50代前半の男性は、妻と10年以上ものセックスレスが続いている。ＥＤの症状に悩んではいるものの、長年のセックスレスを解消できる気がしないことから、果たしてＥＤの治療をしたほうがよいのかと、ふと考え込んでしまうと話す。この男性が言うには、男としてはＥＤである状態をなんとかしたいという気持ちはあるが、妻とセックスレスのままで風俗を利用するだけならＥＤでも構わないのではないか、とも思うようになり、判断をうまくつけられずにいるのだそうだ。

他にも、「家庭内別居状態で日常会話すらままならない」など夫婦間に問題があるケースもあれば、そもそも未婚や離婚、死別などで相手のいない人もいるだろう。中高年以降の人が、性のパートナーが欲しいと思う時、その存在は若い時代の「彼氏彼女像」とは異なる場合が多い。

62歳のシュンイチさんはこう話す。

「妻とうまくいっていないわけではないけれど、セックスはない。かといって、離婚したいという気持ちやエネルギーもない。というか、現実問題、子供と近所に住んでいて孫の世話もあるから、離婚なんてできない」

しかし、実はこの男性には、〝彼女みたいな人〟が存在する。

「でも、彼女ではないんですよ。付き合った先に結婚はないし。趣味の合う友達に近いのかな。友達みたいだけれどセックスがある。この歳だから遊びと割り切って、次々と新しい相手を……というのもしんどいし、セフレのようにセックスだけの関係だとそれはそれで味気ない。一緒に遊んだり、話もできるような関係で、ある程度長く付き合えたらいいんだよなあ。これって都合が良すぎるのかなとも思うんだけど、相手が見つかるということは女性もそういう感覚の人がいるんじゃないのかな？　男の友人知人から

は共感されることが多いんだよね」（シュンイチさん）

また、離婚した後、シングルマザーとして2人の子供を育てているリエさん（仮名・46歳）もこんなことを言っていた。彼女はマッチングアプリで出会った複数人の男性と並行して交際をしている。

「付き合うってなんだろうって、ふと思ったんですよね。将来結婚したいわけでもない、ましてや一緒に住むなんて絶対イヤ。でも、付き合いましょうとなると、お互い1対1で他の人とはしないでねという暗黙の了解が生まれるでしょう？　そう思った時に、1対1にしなければならない理由なんてあるのかな？　付き合うってどういうこと？　って疑問が生まれて。今、私が満たされるためには、1人の男性だけに絞りたくないんですよね」

友人以上配偶者未満で、恋愛のような気持ちやイチャイチャした行為はあるけれど恋人ではない……そんな相手を今の生活に必要なだけ欲しいというのだ。シングルマザーという状況のため、例えば、大きな家具を組み立てる時に男手が欲しいというような助っ人的な役割を求めたり、お酒を飲みながら会話をしたかったりもする。

1対1で向き合うのではなく、必要に応じて都度「お酒ならAさん」「家で過ごすなら B さん」と望むことは自分勝手なのだろうかというのだ。中年以降では、このような愛方的な人が欲しい、そんな男女関係を望む人は少なくないのではないだろうか。

この章では、様々な出会いの場と、その場で得られる男女関係について書いていきたい。

50～60代が盛り上がるディスコイベント

都内と近郊で行われるディスコに足を運ぶだけでなく、自らもディスコイベントやアウトドアイベントを頻繁に主催するヒロさん（56歳）に話を聞いた。

「十数年前までは中高年が遊べるディスコは都内で数軒しかなかったけれど、徐々に増えて、今では大箱のクラブでも80年代のディスコミュージックを流すディスコイベントをやるようになっている。本当に増えたなって思う。名古屋に静岡、大阪や北海道……地方にも俺ら世代が遊べるハコがある。年末のカウントダウンはディスコで迎える予定だけれど、クリスマスも正月も踊り場だよ。特に離婚しちゃって一人の人とか、寂しいからみんなで祝いたいんだろうね。それに20代とか30代前半くらいの若い子の間で、昭和ってちょっと流行ってるみたいね。『ハマチャチャのステップを覚えた〜い』なんて言ってきて、僕ら世代と一緒に遊んだりするんだよ。それも楽しいんだよね」

小さなディスコのイベントでも70〜80人が訪れるというから、相当盛り上がっている。ちなみに夜ではなく、昼から夕方に開かれるイベントもあるという。

「みんな若くないから疲れちゃうのよ。だから、会場も席がないとダメ。ちょっと踊ったら座って酒飲みたいでしょ。で、隣の席が空いていたら誰か座るでしょ。そこでちょっとした出会いになったりしてる。話が弾んでも夕方にイベントが終わっちゃうから『この後、もう一軒どうですか？』となっていく。そんな感じだから、イベントによってはシャンパンが飛ぶように出るよ」（ヒロさん）

まさにバブル世代らしい姿だが、このようなディスコイベントで、実際に出会いにつながることもある。52歳になるナオキさんが現在交際するシングルマザーで３歳年上の彼女と出会ったのも、ディスコイベントでであった。

「きれいな人だなと思って、自分から声をかけました。向こうもこちらも友人と来ていたので、イベントの後に４人で飲み直し、離れがたくて３次会、４次会と朝まで飲み、その日のうちにホテルに行きました」

ナオキさんには妻がいるが別居中。現在は離婚に向けて妻と話し合っており、引退後の第二の人生を彼女とスタートさせたいと考えている。

「僕の場合、中年の思春期というのでしょうか。若い頃に出会った妻とは結婚生活の中で価値観が合わなくなっていった。それに、セックスはもともと合わなかった。こっちはフェラチオしてもらったりとか乳首を舐めたりしてほしい。でも、それを要求してもしてくれない。こっちはクンニもしているのにね。なのに、だんだん向こうが拒否するようになっていって、セックスレスになっちゃった。夫婦喧嘩をした時って、セックスがあれば仲直りができるんだろうけど、そのきっかけも摑めない。価値観も合わず会話もないのに、子供がいるから夫婦を続けている……そんな生活が続いていた時に、彼女と出会ってしまった。子供に対する責任はあるので経済的な面をきちんとするから、離婚してほしいと言っています。僕の人生の残りって20年くらいでしょう？　これまでの20年は妻と結婚して子育てをしてきた。残りの20年は好きな女性と、好きなように生きていきたいなと思ったんです」

ナオキさんは、50代という世代を〝二度目の思春期〟と言った。大人になることを目前に控え生き方に悩む一度目の思春期、そして二度目の思春期では老年を目前に控え、

「今までの生き方で良かったのか。これからどう生きればいいのだろうか」と悩むのだと。

平日昼間にも行われている「既婚者合コン」

ディスコでは、踊りたい人のためのイベントが開かれているだけでなく、既婚者合コンと呼ばれる既婚者も参加できる中高年向けの出会いイベントや、婚活イベントも行われている。若い時にディスコやクラブに足を運び、一緒に踊れば友達になれたという人には、とても楽しく相手を探せる場所になるだろう。

前出のリエさんやシュンイチさんのように、友達以上配偶者未満で、いわゆる彼氏・彼女ではない存在が欲しい人にとっては、「一緒に遊べて話もできるHありの人」を見つけられる場所の一つになるかもしれない。

筆者は「既婚者合コン」に実際に参加し、主催者に話を聞いた。

平日に都内のレストランで行われていたランチ合コンには、男性が９人、女性が８人の計17人が参加していた。年齢層が高めの会を選んだため、女性は40代後半～50代後半、男性は50～60代。30代は男女ともにいなかった。主催者の男性は言う。

「ほとんどの方は、『家庭を壊さずに恋愛気分を楽しみたい』と秘密をスリリングに味わっています。中には真剣な出会いを求めている人もいるかもしれませんが、ごく稀ですね。ほとんどが、今の生活を変えたいとモヤモヤを抱えていて、それを突破する一つの方法として、出会いの場に足を運んでいる感じ。ちょっと突っ込んで話を聞くと、『結婚したらモラハラ男だとわかった』『長く付き合って結婚したからトキメキがない』『長く単身赴任で独身のような生活をしている』などいろんな人がいますね。出張先で合コンに参加して、出張の時にデートを楽しむ男性もいます。皆さん共通しているのが女性や男性として見られたいこと。『きれいだね』とか『素敵!!』って褒められたいんですよね。女性は、ご自身も働いていたり、ご主人の稼ぎが良かったりして、生活に不安がない方が多いのも特徴です」

ただし、中にはマナーの悪い人もいるという。

「相手を取っかえ引っかえして、恋愛ゲームを楽しむ人もいます。ぶっちゃけ言えば、ヤリ目的で1回したらおしまいというタイプです。また、マルチや保険の勧誘をする人もいるので、それも要注意ですね」（主催者）

一方で常連もいる。相手ができるとしばらく来なくなり、別れるとまた参加するというスタンスで、通い続けているそうだ。ただ、雰囲気が色っぽく変わってくるというから、配偶者にバレないのかと心配になる。

実際、配偶者にバレることを気にして、平日ランチタイムに行われる合コンに参加する人もいる。筆者が潜入したのは、このランチ合コンだ。

参加者に話を聞いてみると、男性は「有休を取って参加した」「自営業なので時間に融通が利く」「平日に休みがある」の3パターンで、女性は「有休」の他に「パートなので融通が利く」「専業主婦」だった。

探し方はネットで見つけた人ばかりで「テレビや雑誌で既婚者合コンを知って検索をした」というパターン、「中高年　50代　出会い」などの検索ワードで既婚者合コンが引っかかってきたというパターンがあった。

女性の中には「不倫をしたいという気持ちはないけれど、参加費が安く、いろいろな人と話ができて、社会が広がりそうだ。もしかしたら、話の合う女の友達もできるかもしれない。知人から既婚者合コンの話を聞き、好奇心で参加した」という人もいた。

既婚者向けの合コンやパーティの情報がまとめて掲載されているホームページもあり、

それを見ると日本全国で行われていることがわかる。多くはテーマが設けられており、「平日昼間に会える専業主婦」「おひとりさま限定」などがあり、年齢層も区切られている。参加費は、ランチタイムの場合は男性が5000円程度で、女性は1500円ほど。夜だとやや高めで、男性が8000円、女性は2000円くらいだ。

「主催者の仕切りが上手だと、連絡先交換やマッチングが非常にスムーズです。また、参加メンバーによって、会の空気やノリも大きく異なりますね。二次会への流れを上手につくれるかどうかによっても違います。二次会は、さらに仲良くなれることが多いですね」(主催者)

既婚者合コンを利用して、交際を経験したことのあるナミさん(仮名・46歳)は次のように話す。

「どっぷり恋愛したいというよりは、割り切ったライトなお付き合いをしたいので、そういう方と付き合ってきました。ご飯を食べて、楽しかったから、ついでにセックスもするかって感じ。フィーリングが合って、優しくて、面白い……というように一緒にいて楽しいことが大事なんです。だから、見た目が良くてつまんないのもNG。それから、『彼女になってください』みたいなのも重いんですよね。私は、昔から男性好きなので、お話をしてチヤホヤされると気持ちいいし、まだまだいけるかなと自己肯定感が上がるんです。お互いにそういう感じで付き合えればいいなと思っています」

いい人に出会えればいいけれど、それだけではなく、日常の中では出会えない人と話したい、人間関係を広げて楽しみの幅を広げたいと考える人が男女ともに多くを占めるように見受けられた。

既婚者向けマッチングアプリを利用する60代も

合コンや出会いパーティの他にも、既婚者の出会いの場がある。現在、様々なマッチングアプリが存在するが、結婚前提の真面目な出会いを探すものが多いなか、既婚者をターゲットにしたそれも存在する。こうしたアプリは「プライバシーが保護されている」「家庭を壊さずに恋愛を楽しみたい」ことに重点が置かれており、秘密の関係を求めている人が使いやすい仕様になっている。

例えば「既婚者クラブ」というマッチングアプリの場合、スタンダードプランの１か月の利用料は男性で８７７８円、女性は無料だ。別のアプリ「ヒールメイト」は男性が

1か月9800円で、女性は無料となっている。

「既婚者クラブ」に登録をしたというJさん（男性・65歳）は、妻はいるが「食事をしたり、デートしたりできるような女性がいればいいな」と望んでいる。

「何人かの女性にメッセージをしたところ、6人の女性から返信がありました。メッセージのやりとりをすることになったんですけど、そのやりとりが楽しかったね。そのうち1人とは実際に会うところまでいき、お茶もしたんだよ。相手がやっぱり体の関係までは踏み切れないということで、付き合うところまではいかなかったけど、たまに食事をするようになって、結構楽しい。こっちもHは絶対ってわけでもないから、まあいいかって感じで関係は続いています」

一方、Sさん（女性・47歳）は、既婚者マッチングアプリを利用して、実際に何度か男性と会って、体の関係になったこともあるという。

「女性は何百人もの人から連絡が来るんですよね。でも、やりとりして面白いなというのはほんの数人。面白いなと思う人とは会ったらもっと楽しいんだろうなと期待を持つようになります。自分のことを考えても、女性側としては会いたいから登録したのではなく、何か面白いことはないかな、普段出会えないような人と出会えたらいいなという感覚で登録をしているのかなって気がします」

Ｓさんは、実際に会ったとしても全員とホテルに行くわけではなく、１回会っておしまいという人もいれば、年単位で付き合いが続いている人もいるという。付き合いが続いている人は、「男と女の出会いからスタートしたけれど、仕事のことや子供のことも相談できる人」なのだと話した。

男性も女性も「ただセックスをしたい」というよりは、今の生活では出会えない人と出会いたい、人生を少し変えたいと考えて、はじめの一歩を踏み出すのだろう。

出会い系サイトで知り合った女性と６年間の交際をしているアキヒロさん（仮名・67歳）は次のように話した。

「リアルでは会ったことのない女性と初めて会うとなると、男だってやっぱり不安なわけよ。僕は結構、慎重なほうかもしれない。３回くらいは食事をするだけ。向こうはもっと不安だろうからね。お互いに安心してホテルに行って楽しめる関係になるまではＨは控えておこうって思うよね。体だけでどうのこうのっていうのはなくて、こっちがお金をあげるような付き合いでも、気持ちがある程度つながった上での関係を望んでいるので。あとは好奇心で出会い系を始めたので、その好奇心を満たせる相手と会いたいよね。もともと好奇心が旺盛なほうだから、面白そうな相手なら会ってみようって感じで出会い系のやりとりをしているよね」

だから、相手から会う直前に「実は女ではないんです」と、ゲイであることを告白された時も、「せっかくなので会おうよ」とデートをしたそうだ。

「実際に会ったら悩み相談みたいになっちゃったけどさ。『親も知らなくて、姉は知っていると思う』と言っていた。話しているうちに、相手から『触りたいです』って言われて、2人でホテルに行ったよね。その後もしばらくLINEでのやりとりは続けていたな」（アキヒロさん）

ゲイの若い男性との一夜も良い経験になったとアキヒロさんは笑うが、これだけおおらかな人はあまりいないのではないか。

熟女が男性をナンパする「出会い喫茶」

出会い喫茶というと、若い女性と出会いたい男性向けのお店が大半だが、最近では、人妻や熟女と出会えることを掲げたお店も増えている。

東京・上野にある「個室型出会い喫茶東京ドア」に伺って話を聞いた。お店には個室が9室あり、そこで1対1で女性とじっくりと会話をして、フィーリングが合えば、連絡先を交換したり、お店から出て店外デートを楽しんだりすることができるようになっている。初回利用時に払う入会金は3000円、入場料は60分5000円と比較的リーズナブルだ。

「常時、女性は12~13名ほどお店に来ています。30~40代が中心で、50代の方もいます。男性は30~60代と幅広い年齢層の方がいらっしゃいます。70歳以上の方もいますよ。若い世代だと、やはり大人のお付き合いを期待される方が多いですが、落ち着いた年代の方の中には、外に出て食事をしたいなど、体だけが目的ではない方も多いですね」

ちなみに、キャバクラではないので、接客してもらうという姿勢だと会話が弾みにくいとのことだ。

実際にこのお店を利用したタカコさん（仮名・40代）に話を聞いた。

「友人から、こんなお店があるよと教えてもらい、足を運ぶようになりました。40~50代の方が多いけれど、80代のおじいちゃんもいましたね。風俗には行かないけれど、熟女と知り合いたい。あわよくばHができれば……って感じの人が多いですね。私は、お互い気が合ったら体の関係もありって感じなのですが、あからさまにパパ活的な目的の人もいるみたいですね。このお店は熟女が男性をナンパするというコンセプトなので、女性からガンガンいくほうがいいみたいですね。私はそれがなかなかうまくできなくて、苦戦しています（笑）」

タカコさんは専業主婦で、夫は長く単身赴任で地方に住んでおり、会うのは月2度程度。子供が小さい頃はワンオペで育ててきたが、すでに成人してほぼ手が離れている。そのため、子育てが一段落した頃からバーに飲みに行ったり、既婚者合コンで遊んだりするようになったという。このお店の利用もその延長線上だ。

「近所に友達がいないんです。あまり深く付き合ってトラブルになるのも嫌なので、日常でするのは挨拶や世間話程度。でも、こういうところで出会った人とは付き合い方が濃いから面白いんですよね。出会い喫茶ではまだ出会えていませんが、交流会のような飲み会で知り合って1年弱続いている年上の男性がいます。お泊まりをしたり、趣味の場へ一緒に足を運んだりしています。会うのは月1～2回程度。もっと楽しいことがあるかもと好奇心でいろんなところに行ってます」（タカコさん）

子供のある女性が不倫をしたり、配偶者以外の男性と性行為を楽しむことに対しては、まだまだ風当たりが強い。そういった風潮の中で、それでも自分の人生だからと性の部分での幸せを求めようとする女性も、少数ではあるが存在する。

離婚が珍しいものではなくなっていったように、今は少数である存在の声が顕在化していくことで、「妻は貞淑でなければならない」などの規範も変わっていくのかもしれない。

70〜80代の男性と交際する「熟女交際クラブ」のシングルマザー

交際クラブでもシニアの利用が増えている。残念ながら女性が費用を支払って、好みの男性を選ぶことができる交際クラブというものはまだないようだが、熟女が登録できる交際クラブというものはある。聞いたところ、上は70代くらいまで登録している熟女がいるようだ。交際クラブとは入会金を支払って登録し、クラブにお金を支払って、女性を紹介してもらうシステムのお店をいう。もちろん紹介してもらったからといって、必ず交際をしなければならないというわけではない。逆に、紹介してもらった女性が気に入れば、その後は個人同士でやりとりをして自由に会うことができる。

ある熟女系交際クラブのケースだと、スタンダードクラスで入会金が4万円、紹介料が2万円だ。2年目以降は年会費2万円がかかってくる。これに加え、デート代や女性に対するお手当がある。つまり、金銭的に余裕がある人の出会いの場なのだ。

ここでは一体どのような出会いが待ち受けているのだろうか。熟女専用の交際クラブに登録をしているユミさん（42歳）に話を聞いた。

「現在、定期的に会っているのは10人くらいでしょうか。1人は2年くらいの付き合いになります。最年長が84歳、若い方で65歳です。お金をいただく関係ですが、勉強になることが多いし、尊敬できるので一緒にいると楽しいですね。中には、食事をするだけの方もいます」

特に深く付き合っている相手は現在76歳。学生時代にやっていたスポーツが同じという縁で始まったものだった。

「私のプロフィールを見て、陸上部だったというところで会いたいとおっしゃってくれたんです。奥さんを急な病気で亡くされて、その喪失感で交際クラブに登録したと言っていました。寂しくて、人肌が恋しいので、風俗のようにお店の中だけで時間が区切られた上での関係ではなくて、お金は介しているけれど、ちょっとでも自分を好きと思っ

てくれる関係であったり、信頼関係があったりするほうがいいということで交際クラブを選んだそうです」（ユミさん）

デートは月１〜２回。ご飯だけだったら１万円、ホテルに行く時は３万円となんとなく決まっているという。お金も直接手渡すのではなく、お風呂に入っている間に、バッグの近くに置いてあるというスマートさがある。ちなみに、行為は体位によっては膝が痛くなるなど、不具合もあるそうだが最後までできるとのこと。

「お酒を飲むと全くダメなので、ホテルに行く時は事前のデートでは食事のみ。お酒を飲みましょうという時は、１万円コースです。歳を重ねていくと、女性と関わる機会ってどんどん失われていくじゃないですか。女性と定期的に会うことで性的に興奮する機会を持ちたいとお話ししてましたね。50〜60歳の時に、弱くなってきたなと感じることがあったそうなんです。そこで『歳だし仕方ないな』と諦めちゃうと、そのまま勃たなくなってしまうのかもしれません。でも、それは嫌だなということで、いろんな機会を自らつくろうとしてきたみたいですね。勃起させよう、裸で触れ合おうという意欲が大事で、そうじゃないとどんどん老いてしまうんじゃないかな?と思われている気がしています。お付き合いしているおじいちゃんたちは、生涯現役でいたい、男性として現役

のまま死にたいという共通の願いを持っていますね」(同)

彼女は離婚した後、子供を一人で育てており仕事もしている。そのため、交際クラブは副業のような位置付けにある。

「ものすごくお金が必要かというと、そんなでもない。好奇心と収入と趣味……のような感じですね。もともと人の役に立ちたい気持ちが強いので、福祉的というか、社会的にも意義があって人助けになってるので続けている気持ちもあります。ですから、相手の方が私と会うことで活力を得て日常を頑張れたりとか、すごく感謝してくれたりとか、そういうことが私にとっては大事なんです。だから、いろんな話をするし、お互いにどう思っているかを確認したりもします。『なんで私とずっと付き合ってくれるんですか?』と聞いたことがあるんですが、『あなたはいろんな仕事をしてきて、生活力もあるよね。そういうところがすごいと思うし、その姿を見て、この歳になっても吸収するものがある。話も弾んで面白い。そんなあなたのことが好きです』と言っていました。

私も相手の方のことを信頼していて、人間的に好き。体を鍛えていて男性として魅力的なところや、これまでのお仕事のお話を聞くのも好き。だから『頑張っているところがとても素敵ですよね。大好きです』などと伝えています。お互いに、男性として女性としてだけでなく、人としても好かれ合っているのが態度でもわかるので一緒にいて嬉しいなと感じます。お酒を飲みながら他愛もない話ができる、人間としてつながれているから、付き合いが続いているのでしょうね。相手の方は『私の経済力で女性が喜んでくれるし、私も女性から得るものがある』とよく言うんです。私も彼の経済力に助けられています。でも、売っているものは体だけじゃない。お互いにお相手が欲しい様々なものを提供しているんですよね。体、心、言葉、存在……。そういう意味では相互扶助に近いのかもしれませんね」(同)

彼女ではないし、配偶者になる予定もない。けれどもお互いにお互いを必要としていて、信頼や友情や愛情のような気持ちもある。会っている間は、とても楽しくて、温かい時間が流れる。まさに〝愛方〟的な存在だ。

その結果、ユミさんは驚くような提案をされたという。

「普段、家政婦さんに週3～4日来てもらって家事をしてもらっているそうなんですね。今は元気ですが、もう少し歳をとったら病気になる可能性も出てきます。それを見据えて『もし、僕が認知症になったら施設に行くけれど、頭は健全だけど体が動かないような病気になったら、近所に住んで面倒を見てほしい。月額はこれくらいで、家族にもそれを伝えているから』と言うんです。実際、娘さんにもお会いしました。『お世話になっているユミさんだよ』という形で紹介されたのですが、『どうも、父がお世話になっています。奔放なところがあるので、迷惑をおかけしています』とおっしゃって、根掘り葉掘り聞かなかったので、ある程度はご存じなのかなという感じでした」（同）

今のユミさんとお相手の方の関係は、一般的な言葉で表現したら「お手当ありの愛人関係」となるのだろう。パパ活ならぬジジ活ともいえるかもしれない。

しかし、「男性がお金を支払って、女性は体を提供する」と言うと失礼になってしまうほど、豊かな関係性を2人は築いてきている。パパ活のことを売春行為だと批判する人もいるが、そういう人は、必要とし必要とされて心のつながりもあるこのような関係を否定することはできるのだろうか。

パパ活ならぬ「ジジ活」は相手の人生に深く関わる仕事

トミコさん（51歳）は、介護福祉士の資格を持ち、実際に訪問介護の仕事をする一方で「ジジ活」もする女性だ。相手は75歳の独り暮らしの男性だ。

「年齢とともに注意力も筋力も落ちてくるし、単純な身体能力も落ちてきます。ちょっとしたところで転んでしまったり、よろけた時に自分の体を支えることができずに、倒れ込んでしまったりします。だから、一緒にいる時はいつでも対応できるように、さっと手を伸ばせば体を支えらえるくらいの距離感を保つようにしています」

また、一緒に行動をする時には、細かく声をかけるようにしているともいう。例えば、「次の角で曲がるけれど、段差があるから気をつけてね」「タイルが少し濡れてて滑るから気をつけてね」といった具合だ。

「歩幅が小さいから歩くのもゆっくりだし、すり足になるからほんのちょっとの段差でもつまずいちゃう。また、高齢者の特徴なのですが視界も狭くなるんです。だからお酒を飲んだ時には要注意です。一緒に銀座などに飲みに行けば人も多いし、駅などには階段もある。私は普段仕事で高齢者の方に接しているので、自然に対応できますが、福祉関係のお仕事をされている方は、ジジ活に向いているなと思います」（トミコさん）

相手の方とは月2回程度会うそうで、「そろそろお時間を作ってくれないか」と打診のＬＩＮＥが届くと、「では、少し寒くなってきたのでお鍋でも食べに行きましょうか」などと彼女からプランを提案するという。高齢者はインターネットで調べるのが得意ではないため、トミコさんに計画をゆだねるが、それもまた相手にとっては楽しみで、電車に1時間ほど乗って飲みに行くなどびっくりするほど活動的だという。

「怪我や病気、体調不良が若い人よりありがちなので、ドタキャンもあります。『あれ？最近連絡が来ないな』と思っていたら、『お酒を飲んだら転んでしまい、大事を見て少し入院していました。退院したので会いましょう』なんてこともありました。もっと早く言ってくれたらお世話しに行ったのにと言いましたよ」（同）

彼女は完全に相手のニーズに合わせてお付き合いをしていると話す。ジジ活とはもはや、「彼女＋介護士」という超技能職なのではないか。このまま交際が続けば、ここに家政婦も加わるかもしれない。

「結婚したから配偶者以外とは出会うことすら良くないこととされる風潮がありますし、ジジ活や風俗のようなものは倫理に反するという考えの人も多くいますが、私にとっては介護業務の延長……というか、こっちが本当の介護の仕事なんじゃないかと思っているくらい。人生にものすごく深く関わっているなという充実感がありますね」（同）

そう言うトミコさんは、かつて自分の祖母の介護もしてきた過去を持つ。

「介護の仕事の現場では、ふとした時に性の話になると、『こんな歳だから、性的なことはさすがにね』と言う女性もいます。そういう時、抑圧していないかと心配になります。私の祖母は96歳まで生きたのですが、晩年は認知症がひどく、食べても食べてないと言ったり、８時に起こしてくださいと言われたので起こすと、その３秒後には『寝かしてください』と言って寝てしまうような日々でした。そんな時期に、『おじいちゃん以外とデートしたかったな』『おしゃれして出かけたかったな』とずっと言っていました。心残りだったのかなと思うんですよね。人と人の関係って様々で、夫や妻以外の相手と関係があったとしても、それを一概に悪とするのはおかしいと思います。配偶者以外の人との触れ合いの中で、自分の生きがいを見つける人もいるわけですし……。結局、自分の生きたいように生きるのが正解なのかもしれませんね」（同）

その人が生きたいように生きる時のサポートを、彼女はスペシャルな介護士として行っているのだと筆者には思えた。

20代の女性との交際で生き続けられる89歳男性

実際、生きたいように生きているから長生きができていると話す男性がいる。コウスケさん（89歳）は、90歳を目前にパパ活をしているのだと話す。相手はなんと、彼が講師として呼ばれたセミナーに受講生として参加していた20代の女性だ。

「私がかつて就いていた仕事に興味があるということで、連絡先を交換し、次第に仲良くなっていったんです。そんな年下の女性に家に通ってもらうのは申し訳ないから、感謝の気持ちとして交通費ということで2万円をお支払いしています。10年以上前に妻をがんで亡くしまして以降独り暮らしです。そこに彼女が月1～2度やってきて、食事をした後に、少しイチャイチャするのですが、この約半日の時間が本当に楽しくて。彼女が来る予定の数日前から、『一緒に何を食べようか』『どんなお酒を用意しようか』と考えて、前日に買い出しに行きます。時には電車に乗って食材を買いに行くこともありますよ。当日は朝からテーブルをセットしておいて、彼女をお迎えするんです」

パパ活と本人は言うが、コウスケさんは妻が生きていた頃からすでに勃起障害があり、挿入はできない。そのため、裸になって抱き合う他、彼女に対して愛撫をしたり、オモチャで気持ちよくしたりという行為を持っている。

「もともと女性が好きなほうで、妻がいながら別の女性と付き合ったこともありました。私は女性のイク姿を見るのが好きでたまらないんですね。その姿を見ることが生きがいだとも思ってます。だから今も、彼女をオモチャでいじってイカせていることで満足をしています。彼女が通ってくれる限り、元気でいられるとも思っています」

妻が亡くなった後はしばらく消沈して、半ば鬱のようになっていたと話すコウスケさんだが、今はそんな沈んだ時期があったことを感じさせないほど大きな笑顔を見せる。彼女の存在が、この溌剌とした笑顔につながっているというのは大いにあるだろう。

心残りの解消のために一念発起した68歳の決意

現在、68歳になるヒロシさん（仮名）は今から約15年前、ある決意をした。

「ちょうど50歳を過ぎた時に妻と離婚をしたんです。原因は妻の浮気です。ただの浮気なら修復しようと思えたのですが、子供も連れて相手の男と旅行まで行っていた。子供を巻き込んでいたのがどうしても許せなくて、離婚をしたんです。別れたのが53歳の時。ずっと家族のためにと仕事を一生懸命やってきたのですが、このまま仕事だけしていても後悔するなと思って、これからは自分のために時間とお金を使おうと決めたんです。離婚で鬱っぽくなっていたのかもしれないですが、ちょうど一気に性欲がなくなってきたという焦りもありました。面倒くさいからいいやと思ったら、男も終わってしまうんじゃないかということで、最後にあがいてやるって気持ちでしたね」

ヒロシさんにとって「自分のために時間とお金を使う」ことは、習い事をしたり、趣味を楽しんだり、おしゃれをするという意味ではなかった。なんと、性的に弾けてしまったのだ。

出会い系サイトや交際クラブに登録をしたり、既婚者合コンに参加をしたりした。当然、風俗も行けば、ハプニングバーなどややアンダーグラウンドな遊び場にも足を運び、常に5〜6人の女性と同時並行で付き合っている状態が続いていたという。

「人が経験しないことをしてやろうって気持ちもありましたね。某ホテルで複数プレイのパーティが開催されていたので、そういうものに参加したこともあります。危険だったら即逃げようと思いながら恐る恐る行ったんですが、結果的には大丈夫なもので、ホッとしました（笑）」（ヒロシさん）

この15年間で数えきれないほどの女性と体の関係を持ったというヒロシさんは、「自分を解放している女性」との付き合いにとても惹かれたという。

「女性と出会っていろんな話をすると、その部分での興味や関心があるのかないのかわかってくるじゃないですか。ある人はあるし、ない人はない。女性って本当に両極端だなと思います。女性が性的に自分を解放してくれたら、男ってそれでものすごくその気になっちゃうんだよね。でも、女性がそのようになれるのは30代も半ばを過ぎてからなのかな。男って、やりたいだけの人もいるのかもしれないけれど、それだけを望んでいるわけではないと思うんですよね。少なくとも俺は、それだけを望んでいなかった。一緒にいて楽しいというか、信頼できる相手が欲しい。女性だって、お金なのかセックスなのか、相手に望むものは人によって違うと思うけれど、それだけを望んでいるわけではないでしょう？」（同）

現在、一緒に暮らしている女性がいるが、他にも付き合いを続けている女性が２人おり、体力がなくなりつつある今、このまま続けていけるかどうかが悩みどころだという。しかし、いつまでも男として格好良くいたいという気持ちがあり、その気持ちは歳を重ねても変わらないだろうという確信もある。

70歳が目の前に迫ってきたからこそ、「何もしなければ、おじいちゃん化してしまう」という気持ちとのせめぎ合いがあるのだとヒロシさんは話す。

「きれいな女性と一緒に街を歩いているとみんなが見てくれるじゃないですか。その優越感って男にとってはモチベーションになるんです。でも、それだけじゃ足りない。どんなにきれいな奥さんがいても、そこに信頼とか一緒にいて楽しいというのがないと、長い間一緒にいるうちにやっぱり満たされなくなっていく。結果、みんなしたいんですよ。一緒にいて楽しい相手と、満足できるセックスを。そのセックスをできない人間が、妬みで批判するだけなんだと思っています。倫理観や道徳観を守って生きていったところで、誰かがそれを褒めてくれるかといったらそんなことはないでしょう。結局、幸せで充実していて、楽しい人生だったというのは自分が決めることなんですよね。避妊をするとか性病を持ち運ばないなどの最低限のルールは必要だけれど、その範囲内で楽しむ分にはいいんじゃないかな。最後、死ぬ時に俺の人生まんざらでもなかったって思えるように生きるのがいいよね。俺は今死んでも、そう思えますよ」

15年間の性的な冒険を経て、思い残すことがなくなったとヒロシさんは話した。性的により良い人生を生きる……今時の言葉なら〝セクシャルウェルネス〟だと言えるのではないだろうか。

第3章　社会との関わりの場としての高齢者向け風俗

女性用風俗を利用するシニア女性の実態

２０１７年頃から女性用風俗が急激に増え始めた。女性用風俗店とセラピストの最大手情報サイト『Ｋａｉｋａｎ』にはお店が３０６店舗、セラピストが５４４９人登録されている（２０２３年12月現在）。ここに登録されていないお店やセラピストもいるだろうから、裾野はさらに広いことが窺える。

以前、筆者は〝大人の女性のラブメディア〟というキャッチコピーを掲げた『ＪＥＳＳＩＥ』というウェブメディアの編集長をしていたことがある。このメディアが立ち上がったのは２０１３年11月なのだが、レズデリヘルや出張ホストの体験記やセックスレスの記事をアップすると非常にアクセスが良く、まさに跳ねるという言葉がぴったりで、あっという間にランキングの1位になり、人気のある記事だと2〜3か月ずっとランキング上位にその記事が入っていたこともあった。

自らの性生活について悩む女性が、女性でも利用できる風俗のようなものを求め、その情報を欲しているのだなと肌で感じたものだった。

女性用風俗や出張ホストは２０１７年以前にもあったが、今のようにしっかりとお店を構えて、様々な人が使いやすいというものではなかった。利用者は、性的にかなり解放された女性と、悩みを持つと同時に自由になるお金がある程度ある中年女性という、限られた人が利用するものだった。

しかし近年、若くてイケメンのセラピストが増えたことで20～30代の利用者や働く女性もユーザーとなり、パイ自体が増えているというのが女性用風俗が急増した要因だ。ところで、高齢女性の利用状況はどのようになっているのだろうか。大阪にある女性用風俗「ＬＡＤＩＥＳ ＦＩＲＳＴ」のスタッフはこう述べる。

「70代が最年長。メイン層は40～50代でここがほぼ占めています。60代以上は割合としては少ないのですが、これはネットが使えないためにアクセスできない方が多いことが理由になっていて、潜在的な需要はあると思います。ネット以外のところでつながるために、新聞のような紙媒体への広告を考えています」

これまで利用した高齢女性たちはそれぞれタイプが異なり、利用に至った経緯も違うストーリーがあったそうなのだ。同店の料金は、デートコースが60分６０００円、マッサージオンリーコースが１２０分１万円、心身デトックスコースが１２０分１万５００

0円だ。ステイパック12時間5万円などというロングコースもある。
「単純に性欲を発散したいというタイプの方もいれば、女性として扱われたいタイプ、男性と話をしたいタイプ……という3パターンが多いですね。共通するのが、『自分がこういうお店を利用することについて、間違ってないですよね？』と確認したい思いを抱えていることです。一人ひとり話を深く聞いていくと、配偶者とのセックスで痛みを感じていたり、身勝手な夫の『若くて可愛い子なら性欲も湧くし、勃つけれど、妻とは無理』というような態度に傷ついていた方もいました」（同店スタッフ）
更年期以降の女性では、性器が乾燥しがちになったり、膣壁が薄くなったりして、痛みを感じやすくなる人もいる。そういった部分で悩む人もいるだろう。
「濡れる、濡れないといった部分は感情の問題も大きいので、いかに感情を動かせるかにかかっていますね。普段のセックスでは準備が充分に整わないうちに挿れられてしまうということもあるのかもしれませんが、女性用風俗では様々な方法で外からアプローチすることができるので、性器周りの健康も改善できると思っています。でも、肝心の女性自身が、性的な体の悩みも改善できる場所だと思っていないので、もう少し周知が必要かもしれませんね」（同）

夫婦間のセックスに問題を抱えている女性も少なくないという。

「射精すると気持ちいい、セックスとは挿入して射精するものという意識が夫から抜けないため、『射精すると疲れるから』『セックスはしんどい』と夫側が拒否して、夫婦間でのセックスがなくなってしまっている人もいました。そこを改善するとなると、男性の射精がゴールという認識を変えるしかないですよね」(同)

また、現在の高齢女性では恋愛結婚ではない人も多く、夫婦関係も性別分業意識が高いため、「結婚とはこういうもの」「夫婦とはこういうもの」という結婚した当初の常識のまま生きている人もいるだろう。

「セックスを義務みたいにしているんです。だから、気持ちいいか、満たされているかというと当然そうではない。しかし『それが幸せだったんじゃないの？』という感じなんですよね」(同)

経済的に安定した生活のために結婚した場合、性生活へのウエイトが軽くなることは仕方ないのかもしれない。妻としての役割を果たし、母として充実した日々を過ごせているのなら、一人の女性としての幸せが満たされなくても構わない。そんな思いで生活を重ねる人は、今も珍しくはない。

「セックスが義務みたいになってしまうのは今の人たちも変わらない部分があると思います。好きな人と結婚しなくてはいけないと子供に教える一方で、風俗やAVのようなエロいことはダメと言う。子供からしてみたら、性教育も受けないまま成長し、社会人になったら『いつ子供を産むんだ。孫の顔が見たい』と言われる。性について何も教えられず、情報も与えられてないのに突然放り出されて、無茶苦茶言われている状況ですよ。こういった部分をこれから変えていかなければならないのではないでしょうか。性教育として大事なことかと思います」(同)

実際に、女性用風俗を利用した50代の女性に話を聞いた。

「結婚・出産してから、会社と家の往復の毎日だったんですよね。特に不満もなかったのですが、上の子が小学校高学年に差し掛かる頃に、自分自身について構っていないことにふと気づいたんです。家と仕事と育児だけで自分のケアを忘れていたんですよね。鏡を見たら、ヒゲが生えているような枯れ果てた状態で、ものすごい老け込んでいたんです。夫との営みはかろうじてあったのですが、濡れなくなってきていました。するのが面倒だし、濡れないから気持ちよくないし……そんな状況です。

それで、人生がこのまま終わってしまうのかなという危機感を覚えたんですよね。なんで私、こんなに老け込んでしまったんだろうって。それで思い返してみたら、私、夫と結婚したけど、心に残るような恋愛してないなって気づいたんです。性に対する欲求も特別何かあったかといったらなかったし。育った家庭が性に対して厳しかったので、セックスに対して〝しちゃいけないもの〟という固まった考えもありました。だから、セックスについて知りたいって思ったんですよね。でも、一般男性とそういう関係を結ぶことには抵抗がありました。何かないかなと探したところ、サービスとして提供しているところがあったので利用してみようと思ったんです」

このようにして女性用風俗を利用する人は多いのではないかと感じさせられた。

女性もお金を払ってスッキリ遊ぶ時代

女性用風俗の中では、「萬天堂」と「東京秘密基地」が2大巨頭となっている。萬天堂は熟年のセラピストも在籍していたり、ホームページの説明文やデザインから、年配の女性も利用しやすいのではないかと見受けられる。萬天堂の会長である奥寺さんは次のように話す。

「ご利用される方も当店では年齢制限を設けていません。実際、60代の男性セラピストもちらほらいますね。どのような女性にも気持ちよくなっていただきたいという思いから、幅広いセラピストが所属しています。女性も遊ぶ場所があっていいのではないかという思いから、女性用風俗に目を向けて2017年にオープンしました。構想を練り始めたのはもっと前なのですが、状況が整ったのがその頃だったという感じですね。女性用風俗の立ち上げを考え始めた頃は、小さいお店がちらほらあったのですが、個人が趣味的にやっていたり、『無料にするからやらせてよ』というような変なことが起きてしまうところもあったりしたんですよね。そんなことじゃダメだな、女性もお金を使ってスッキリと遊んだほうがいいんじゃないかなと感じていました」

萬天堂の料金はお試しの90分コースが1万5000円で、オススメの120分が1万9000円。時間で値段が決まるという非常にシンプルなシステムである。セラピストのランクによって指名料は異なってくるが、そのランクもセラピストのプロフィールページにきちんと掲載されている。とりあえず体験してみたいのか、質のいいセラピストに対応してもらいたいのか、女性側が使い方を選べるというわけだ。

「女性が使いづらいだろうなというアングラな部分を払拭して、とことん正統派でいくことを目指したんです。そうじゃないと、この業界が発展しないでしょ。だから、最初はセラピストに白衣を着せてやろうかと考えていたくらいです」（奥寺さん）

実際にオープンしたところ、すぐに大きな反響があった。ところが、予想外のこともあったという。それは客層である。

「オープンした当初は、20～30代の水商売系や風俗系で働く女性が多いのではないかと予想していたんですね。ところが、声を聞くと60代くらいかな、いや、もしかしたら70代くらいかもしれない……そんな女性も少なからずいらっしゃるんです。幅広い需要を感じましたね」（同）

同店の事務局長の富田さんもこのように証言する。

「アクセス解析は完全ではありませんが、だいたいのことが把握できます。見ていると30～40代をピークとして、50代、60代、70代と数は減ってはいきますが、その年代の方もホームページを見られているんです。また、当店は45歳以上の方が使えるマダム割というものを設けているんですが、約半数はそれをご利用されています」

つまり、利用者の半数以上はミドルエイジ以降の女性なのだ。

「心配な方はご利用前にお問い合わせができるようになっています。電話でのお問い合わせは少なく、メールもさほどありません。『太っているけれど大丈夫ですか？』『年齢が上なのですが大丈夫ですか？』といったものが多少ありますが、とりあえず行っちゃえって感覚なのでしょうか。女性って大胆なのかもしれません」（富田さん）

ホームページを見れば安心して遊べることがわかる、そして口コミを見れば大人の女性が多く利用していることがわかる、だから「自分も……」と一歩足を踏み出しやすくなっているというのが実態のようだ。

また、「紹介割引」や「友人割引」を使う人もかなりの数でいるそうで、それは一度利用した女性は信頼できる友人などに感想を話しているということだ。

「最近、ご友人同士で予約するケースは増えていますね。これまでで一番びっくりしたのが、息子さんのお嫁さんから当店を紹介してもらったと言って予約された方がいたことです。楽しいお話をできる間柄なのでしょうね。でも、高齢の女性だと、うちのようなお店を知らない方が実際には多いと思います。人と会いたい、触れ合いたいという気持ちはあるでしょうから、その年代までどうやったらもっと認知度が上がるのかなと考えますね」（同）

利用者は、初回は2時間コースを利用し、その後、お気に入りのセラピストが見つかると3時間コースなど長めの予約をするのが一般的であるという。週1～2回利用するハードユーザー、月1～2回の常連といった具合に、それぞれの予算に合わせて利用をするが、時には「自分へのご褒美」として長時間のプランを組むこともある。お泊まりコースを選んだり、カラオケや食事のデートを組み合わせたり、中には一緒に旅行へ行ったりと、まさに楽しみとして女性用風俗を利用しているのだ。

「ベッドに入る前の時間を大切にする人、終わってから喋る時間を大事にする人、一緒にお酒を飲んだり歌ったり……そんな楽しみ方をしているんですよね。男性と全然違いますよね」（奥寺さん）

とはいえ、女性用風俗はまだまだ数も種類も少ない。男性にはピンサロやヘルス、ソープランド、ＳＭクラブ系など様々なジャンルのお店が多数ある。しかし、女性用風俗は性感マッサージを取り入れたデリヘルスタイルのお店が主流だ。レズビアンプレイを望む人向けに女性セラピストが在籍しているお店もあるものの、数は少ない。今後、女性用の風俗はどのように変わっていくのだろうか。

「まずは細分化されていくでしょうね。男性用の風俗で熟女店が一般的になったように、オジサン専門店は出てくるでしょう。現在、自分の店を出してみたいというセラピスト

も増えていますし、女性経営者もいます。特徴のある小型のお店はより増えていくのではないでしょうか」(同)

利用者の幅が広がり、異なるニーズが生まれるにつれ、それに応じた提供になっていくということだ。

ミドルエイジ以上の女性たちから大人気の売れっ子セラピスト

萬天堂にはミドルエイジ以上のセラピストが少なからず在籍し、その年齢の男性と時間を過ごしたいという女性が指名を入れている。

その代表として紹介されたイチローさん(45歳)に話を聞いた。スラッとした長身と柔らかい笑顔の男性で、シルバーグレーに染まりつつある短めのヘアスタイルがまさに野球選手のイチローに似ていてよく似合っている。おしゃれなカジュアルファッションは清潔感があり、顔立ちは俳優の藤木直人に似ているイケオジだ。本業の傍ら、副業としてセラピストになってから2年が経つ。ホームページのプロフィールを定期的にチェックしていると、スケジュールが出るとすぐに予約が埋まってしまうことがわかる。つまり、売れっ子なのである。

「もともとHなことが好きだったので、そこからこのお仕事をしてみようかなと思って始めました。この歳になると、女性にいろいろしてあげたとしてもなかなか感謝なんてされないじゃないですか。特に若い女性はそれが当たり前というか……。もともと自分は求められてないことはしたくないけれど、逆に求められたら必要以上に頑張ってしまうタイプです。自分ができることで喜んでもらえたり、そういうフィードバックがあったら嬉しいなと思っていたところ萬天堂と出合い、応募して入店できました。のちに他のお店も見てみたら年齢制限をしているところが多く、この年齢でも受け入れてくれたのが萬天堂でありがたかったですね。そして蓋を開けてみると、40代の男性を求めてくれる女性が多くいらっしゃいました」

店に在籍をしてセラピストとしてデビューするにあたっては、講師から接客やテクニックを学んで一定のレベルになる必要があった。研修を受けていく中で、講師の仕事に対する思いやプロ魂を見て、鈴木さんは「この仕事に真剣に向き合おう」と思うようになったという。

接客の基礎を身につけたら、あとは自分の個性をつけ加えながら、それぞれの顧客を増やしていく。イチローさんを指名するユーザーは45～55歳が全体の7割以上を占め、60歳以上は5％程度、残りが30代～40代前半で、20代はごくわずかとのことだった。イチローさんはシニア層のユーザーについてこう語る。

「相手の方に年齢をこちらから聞くことはないのですが、会話の中でなんとなくの年齢はわかりますよね。35歳以上になると9割が既婚者です。夫婦生活がないけれど家庭を壊したくない、出会い系だとトラブルが怖いということでお店を利用してくださいます。

60歳くらいになってくると未亡人が出てきます。ご主人は亭主関白で生きていた時は自由が全くなかったから遊んでみたい、今までご主人だけだったから経験人数が1人しかないというような方ですね。そういう方が利用したいと考えた時、あまりにも若すぎるのはちょっと……ということで僕を指名してくるんです。話をしながら触れ合っていると、『主人は唾をあそこにつけて、ちょっと触っただけで挿れてくるので痛かった』と話した方もいました。

60代以上の方は経験人数が1人か2人くらいと少ない方が多いですね。長い結婚生活の中で妻を粗末に扱っていく男性って多いじゃないですか。体を大事に扱われてこなかったんだなと感じさせられる方が多いです。『自分は本当に感じられる体なのか疑問だった』『これまでそういうことは嫌いだった』と話す人もいます」

そういう人の中には、同じように夫を亡くした女性の集まりで萬天堂のことを知り、興味を持って予約したというケースもあるという。ネットを器用に使いこなせない世代では口コミで知る機会もあるのだろうと思うが、60代の女性たちが風俗で遊んだ話を仲間同士で共有しているというのは驚きである半面、女性のパワフルさと柔軟さを感じる。

「『今まで演技してきたんです』と言う女性には『演技してまではやらなくていいし、ダメだったらダメでいいよ。気持ちよかったら気持ちいいって自然になるから』といつも言っています。女性って誰でもいいわけじゃない。『この人だったら』と安心できる人としたいですよね。相手に対し、『どんなことをしてくれるんだろう？』と期待感を持っているんです。中には〝イク〟を体験したことがないので一度は味わってみたい、自分がどこまで快感を得られるのかを知りたいと思っている人もいます。

実際に会った後も、心を開くまでに時間がかかるから、日常的な会話から入って慣れてきてから……という流れになることがほとんどですね。だから90分だと少ないと感じるのかも。初回でも2時間の方が多いですが、リピートしてくださる方はデート90分、ホテルで2時間と組み合わせて予約してくれたりします。みんな元気ですね。そういう

ことをしていると元気になってくるみたいです」（イチローさん）

性感のプレイではマッサージから入るのか、イチャイチャから入るのか、そのあたりは人により異なり、お店を使うのが初めてなのか、そうではないのかといったところでも求めてくるものは違ってくるという。されると嫌なことは事前に確認をするが、細かい部分はその場の雰囲気で上手に相手の気持ちを酌んでいかないとならない。そこが難しくもあり、やりがいのある部分でもあると鈴木さんは話す

「60代以上の方から『こういうお店を使ったことで、今までよりも視野が広がった』『こういうことをするのはいけないことだと思い込んでいたけれど、実際に利用してみたら私もまだまだいけるなと前向きになった』という感想をいただけることが一番嬉しいですね。怖いから、不安だからと、消極的になってしまう人が女性には多いように感じます。男性の9割は風俗に行ったことがあるけれど、女性は1割いるかどうかってところでしょう？　もっともっと使っていったほうがいいんじゃないかな。女性としての幸せを感じたい、人肌が恋しいと思っている女性がこれだけ僕のところに来るのですから。

とはいえ、やはり男性に比べると自由になるお金が多くないという現実面もあるので、

無理はしないでほしいですね。喜んでほしいというのが僕の大前提なので。セラピストとしてはランキングを上げたい気持ちもありますが、それを追い求めるのではなく、結果はついてきてくれるのが理想。そんな気持ちでやっています。女性は、男性のように単純ではないので本当に奥が深いですよ」

取材時もリラックスした雰囲気で、趣味のことなども話してくれたイチローさん。自然体で話しやすいところが、男性にあまり慣れていない女性でも居心地よく感じるのだろうと思わされた。

経験人数の少ない60代以上の女性は、自分のリクエストを口に出すのも恥ずかしいという人もいるのではないか。秘めた願望を叶えてくれながらも、優しく、でも男らしくデートとベッドタイムをリードしてくれるとなると、やはりミドルエイジ男性の人生経験が必要なのかもしれない。

70代まで在籍する高齢女性が働く風俗店

女性用風俗では60代の現役セラピストもいるとのことだったが、一方でジャンルも多岐にわたる男性用の風俗では、超熟女を売りにしたお店もある。例えば東京の場合、大塚～鶯谷エリアには50～80代までの女性が在籍するデリヘルが存在する。あるお店のホームページのプロフィールを見ると、「業界最高齢？」とキャッチコピーを掲げる87歳の女性が所属していた。今回、筆者はそのお店に取材を申し込んでみたが、残念ながら断られてしまった。

55歳以上のキャストを売りにする東京・鶯谷の「ゴーゴー婆さん」も超熟女が在籍するデリヘルだ。55歳～70代の女性22人が在籍している。カジュアルなファッションに身を包む気さくな熟女の店長に話を聞いた。

「オープンしてから10年経ちますが、一番長い人はお店が立ち上がった時から在籍してくれています。すぐ辞めちゃう子は1か月以内にいなくなりますが、一度しっかり働きはじめると所属は長いですね。もちろんそれぞれいろんな事情がありますから辞めることもありますが、うちは年齢的なこともあるでしょう。亡くなってしまった方もいますよ。もう4人になるかな。ある日、突然亡くなった人もいるし、病気になった方もいるし……そういう時は寂しいですね。まあ、元気なうちはみんな働きに来てくれます」

風俗店には遅刻をしたり、当日欠勤をしたりすると、ペナルティを科したり罰金を支払わせたりするようなお店もあるが、同店ではそういうことはしないという。キャストの在籍が長く続くのは、体調や家の事情に合わせて働きやすい点も大いにあるだろう。

「うちはゆるいんですよ。だって、年寄りにガチャガチャ言っても仕方ないでしょ。足も痛くなるし、腰も痛くなるし、風邪もひくし。だから、休みたい時は休む。年齢的にも一般のお店と違いますから。おばあちゃんでいいんですよということでやっているお店なので、お店のホームページでも年齢や容姿はごまかさずに載せています。お客様が女の子を選ぶ基準は年齢じゃないですから。もともとこの年代の女性が好みだという男性が利用するので、接客態度が悪くなければ、次も使ってくれるんです。今、利用してくれるお客さんはほとんど常連さんで、フリーの方は少ないですね。お店は何回も使っているけれど、この女性は初めてという感じで利用してくれています。だから、お客さんも10年間、ずっと来てくれている人がいっぱいいます。でも、毎月使ってくれていたのに電話来なくなっちゃったな……って人もたくさんいます」（店長）

なんだか切ない話になってきてしまったが、病気なのかピンピンコロリなのかはわからないが、元気なうちはギリギリまで風俗で遊んで楽しい思いをしていたのだとも考えられる。

ところで、「ゴーゴー婆さん」で働く女性たちは、年代的にパソコンは使えない人が多いだろうし、スマホもさほど得意ではないだろう。このお店を私が見つけ出したのは、ピンポイントで「超熟女　風俗」などのキーワードを打ち込んだところ、表示されたことからである。自分が働きたいと思った時に、「超熟女　風俗　求人」などとキーワードを入れて探す女性はほぼいないだろう。一体、どのようにしてお店を見つけたのか気になって聞いてみた。

「風俗経験者は広告サイトを見て応募の連絡をしてきますね。鶯谷、大塚という地名から見つけることも多いんじゃないかな。こういうお店はどこでも常に募集を出していますしね。60代、70代だと働ける場所ってそんなにないでしょう？　一般の仕事でもなかなか見つけられないですよ。応募してくる時も、『この年齢ですけど、この業界で使ってもらえますか？』と問い合わせてきます。でも、風俗未経験者の人はどうやって見つけたんだろう？　ちょっと私もわからない。だって、うちの子たちはスマホを持ってても電話機能しか使えない人ばかりだから」（同）

以前、高齢の風俗嬢を取材した時に、ラブホテルや清掃など様々な求人広告に応募したがどこにも雇ってもらえず、唯一受け入れてくれたのが風俗だったと話した70代半ばの女性がいた。このお店でも、そうしたシニアが多いのかもしれない。

働くキャストもお客も高齢同士

2年前から「ゴーゴー婆さん」で働いているＩさん（62歳）に話を聞いた。

「私、人生の中でほとんど働いたことがなかったんです。こういうお店で働くのも初めてでした。若い時に結婚したのですが、すぐ離婚してしまい、実家に戻ってきてからは子育てと主婦をしてきました。だから、こういうお店が世の中にあるというのは知っていても、なんていうお店なのか知らなかったんですよね。昔はホテトルという名前だったでしょう？　今、ホテトルって探してもないんですよ。雑誌とかで探しても『これは違うな……』というのばかりで。いろいろ探して、もしかしてこれかな？　というのがデリヘルでした。だから、探し始めてから働き始めるまでに時間はかかりましたよ。お店を見つけても、実際に連絡をするのにも勇気が要りましたし」

最終的には男性が見る風俗情報に辿り着き、そこから今働いているお店を見つけ出したという。検索のキーワードすらわからないところから、求人に行き着くにはさぞかし大変だっただろう。しかし、なぜ、そうまでして風俗で働こうと思ったのだろうか。
「家族の介護があるため、『この時間からこの時間まで確実にシフトに入ってね』という仕事が無理でしたし、普通のパートより収入もいいかなという思いもありました。それにずっと専業主婦だったので、電車に乗ってお勤めをするということをしてみたかったんです。コンビニ行くのもジャージでいいかってなりませんか？　近所でパートをするのだと、ずっと家にいるのとあまり変わらないなと思いまして」（Iさん）
Iさんは現在、週3～4回、11時頃から17時頃まで働いている。家族や自身の病気で、急に遅刻をしたり、休まないとならなかったりしても、許してくれるお店なので助かっていると話す。
「以前、ママ（店長）の知り合いがお店をオープンするということになり、お手伝いに行ったことがあるんですね。でも、そのお店で働いている時に、家族が病気になってしまい、しばらく休まなければならなかったんです。『いつ復帰できるか、正確には言えない』と話したら、『それはちょっと困るよ』と言われてしまったんです。それをママに報告したら、『普通はそうよ。うちが甘いだけ』と言っていましたね。ママもいい人ですし、だから女性もみんな長く働いているんだと思います」（同）

最初のうちは働くことにとても緊張し、家に帰った時も「家族にバレるんじゃないか」と心配になったそうだ。今は、子供には風俗で働いていることを伝え、理解も得ているということだ。

一日につくお客の数は移動もあるため多くて３人。１～２人のことが多いが、お茶をひく日も当然ある。それでもパートで働くよりも少し収入が良く、何より働き方に融通が利くことから、居心地よく働いていると話す。

「お客様がいっぱいついた日は結構稼げますね。働いていただいたお金は、生活費に使っていますが、節約してお洋服買っちゃおうとか楽しみに使うこともあります。専業主婦だった頃は自分が自由になるお金はなかったですよ。へそくりしても何かあったらそこから出していました。今は値段が高いものじゃなくても自分が欲しいなと思ったものを買えるので、心の満足になりますよね。こういうお仕事をしているのできれいにしようと思っていますが、年齢も出てくるし、それなりにはなっちゃうんですけれど、化粧品とかにも気を使ってます」（同）

その日のＩさんのファッションは、胸元が広めに開いた体にフィットする水色のニットに、花柄のフレアスカート。足元はショートブーツ。ロングヘアは巻き髪にしていて、お化粧もきれいにしている。細身のスタイルなので、遠目から見たら30代と言っても通用するだろう。一言で表現すると女子力が高いのだ。同年代の男性から見たら、「きれいな奥さんだなあ」といった感じだろう。そのためだろうか、彼女を指名するお客さんは同年代から年上が多いという。女性の年齢やタイプによってもどのような男性から指名されるかは当然異なる。
「お客様の年齢は聞かないですが、話していると60~70歳くらいの方が多いですね。見た目だと、年齢って意外とわからない。それに、若い頃は『60歳なんておじいちゃんね』と思っていたんですが、いざ自分がその年齢になってみると、『70歳は、全然おじいちゃんじゃないわ』って思います」(同)
月1~2回、足を運んでくれるような常連客は10人くらいいるという。年3~4回と、通う頻度が低い人はもう少し多い。かなり安定していると言えるだろう。
「私が働き始めた最初の頃からずっと来てくださっている方もいますね。ただ、あまりにもたまにしか来ないと、『久しぶり』と言われて、『この人、誰だっけ?』ってなることもありますね。私もだんだん物忘れをするようになってきているので……。やはり、年金支給日の近くはお客さんが多いですね。以前『今日なんの日だかわかる?』と聞か

れて、『お誕生日ですか？』と答えたら『年金支給日だよ』と笑われたことがありましたね」（同）

60代、70代のお客が多いとのことだが、体のコンディションはどうなのだろうか。勃起する、発射する、どこまでできる人が多いのか。

「ほとんどの人が、最後までできますね。ただ、体調もありますから、いつもは大丈夫だけど、今日はダメだなってこともあります。定期的に来てくれる人は『今日はダメだ』って気持ちを切り替えられるのですが、あまり来ない方だと『どうしても……』って気持ちがあると思います。滋養強壮剤？　栄養ドリンク？　それで元気になる方もいます。逆に、ドリンクを飲んだ時に、自分の体力が追いつかなくて、疲れちゃってダメだったたって人もいます。３００円のものより１５００円のほうが効くように思っているようですが、本当なのかしら」（同）

「歩けなくなるまで、死ぬまで働けたらいいな」と願う風俗キャスト

店長によると、同店のお客さんの最高齢は90歳だとか。

「最年長の90歳の男性は、友達に紹介されて当店を知ったと言っていました。最初は友達と2人組で来て、お友達が『○○ホテルの何号室にいるから』と代わりに連絡してくれたのでスムーズだったんです。でも、お友達が亡くなってしまった。90歳のおじいちゃんは携帯を持っていないんですよ。ご自宅から電話をしてくれて『今から3時間後くらいにホテル○○の前で』と待ち合わせをするのですが、耳が遠くてやりとりも大変だし、うまく待ち合わせするのもひと苦労です。一度、会えなかったことがあって、怒られちゃいました。『こっちは○○から来て、ずっと待っていたのに』と。ちなみにそのおじいちゃんは、まだちょっと勃起するみたいです」

お店は30代など若い人も利用する。そんなお客さんが来ると、女性たちは若いというだけで緊張してしまい、何を話せばいいのかわからないと戸惑うそうだ。とはいえ、お店利用のメインはキャストと同年代〜高齢者である。どのようなニーズを持って、利用をしているのだろうか。

「うちのお店のお客さんの7割はマザコンタイプですね。年齢を問わず、です。ママ的な人に甘えたいんですよ。洋服を着せてもらったり、靴を揃えてもらったりと、ちょっとしたところなんですけどね。うちのお店にいるような子たちは、そういう気遣いが自然にできるでしょ。年の功的な魅力っていうのは絶対にある。

あと、自分の奥さんがいる人は、奥さんを女として見なくなる部分もあるでしょ。うちに来ていることを半ば公認していると感じることもあります。以前、うちの子がお客さんのところへ行く時にコンビニの袋を下げていったことがあるんですね。すると『コンビニの袋を持っていると、うちの母ちゃんみたいだからやめてほしい』とクレームが入ったんです。奥さんと同じような年齢でも、きちんとメイクをして、可愛いお洋服を着て……そこに違いがあるのでしょうね。若い女性だと話が合わないし、かといって奥さんみたいな所帯染みたところは見たくないというお客さんも多いです」（店長）

接客中に話をすると楽しいという気持ちは、働く女性側にもあるようだ。

「私は、ずっと家の中にいたじゃないですか。お話しするのは家族だけという時間がすごく長かったんですよね。ここで働くようになってから、いろんな人と話をするようになりました。待機所で話すこともありますが、お客さんとも話しますし。世間話をするだけですが、気晴らしになりますね」（Ｉさん）

学校に通ったり、会社に通勤していたりすれば、自然に人と会い、コミュニケーションの機会を持つこともできるが、組織に属していないと人と会う機会は格段に減る。専業主婦をしていると、子供が小さいうちは学校のPTA活動や習い事関係などでママ友などと関わる機会もあるが、ある程度大きくなってしまうとそれもなくなる。風俗で働くこと、風俗を利用することが、社交の場になっているのだ。

「このお店で働き始めた時よりも歳をとっているわけだし、若々しくいたいなという気持ちがありますね。うちのほうでパートをやっちゃうと、前に戻っちゃうと思うので、できたらここで働いていたいですね。シワは深くなっていくけれど、気持ちだけは『もう歳だから』って言わない生き方をしたいです。だから、このお店で働くのは何歳までっていうのは決めてないです。歩けなくなるまで働こうかな、うーん、死ぬまでかな？ それくらいまで働けたらいいなと思ってます」(同)

以前、60代の女性がこんなことを言っていた。

「生きているだけでお金ってかかるからね。年金をもらい始めたら、それだけで暮らせないこともないけど、それじゃつまらない。元気じゃないなら長生きはしなくていい。私の人生、元気で動けるところまででいい。病気なんかで動けなくなったら、ある程度のところで死ねたらいいなあ」

働いて、人と関わり、社会と関わり、お金を得る。それは人としての尊厳を感じられる時間だ。それを実感できる場所が、風俗であってもよいではないか。

「60歳未満お断り」高齢者専用の風俗店とは

高齢女性が働くお店を紹介したが、次に紹介するのは高齢者にならないと利用できないお店だ。〝60歳未満お断り〟のキャッチコピーを掲げる老舗の高齢者専用風俗店「こころあわせ」をはじめ、顧客を50歳以上に絞った「赤い糸」、障がい者・高齢者専用の「まごころ」など、数は多くないが高齢者専用としている風俗店が全国にある。

もちろん、全年齢層を対象にしているお店に高齢者が足を踏み入れてはいけないということはない。実際、シニア割引を取り入れるといった方法で、使いやすさをアピールする店は数多くある。しかし、高齢者の中には「一般の風俗は使いづらい」と感じる人も少なからずおり、そういう方のために専用風俗はある。

ところで、高齢者が風俗店をはじめとする性的なサービスを利用している……そう聞いたらどのように感じるだろうか。「へえ、そういうこともあるのかもしれないな」と思うかもしれない。

だが、実際に、自分の親が利用していると考えたらどうだろうか。「いい歳してやめてほしい」と嫌悪感を抱くだろうか。「悪い女に騙されているのでは」と心配になり、詮索するだろうか。それとも、「個人の自由だから、別にいいんじゃないの」と性の自由を尊重するだろうか。

他人の性生活だと冷静に受け止められることが、なぜか自分に近しい人になると感情的になってしまうことがある。

けれども、考えてみてほしい。高齢になるに従い、生活範囲は狭くなり、そして人間関係も年々少なくなっていくのだ。仕事を引退する、運転をしなくなり行動範囲が限られる、友人知人が亡くなっていく……。

新しい出会いや環境を自ら切り開いていくのは、高齢者に限らず難しいものだ。見つけた楽しみが「風俗」であっても、それは否定しがたいのではないだろうか。

2023年3月に「異性への関心が低い中高年の男性は早死にする傾向がある」という調査結果が報道されたことがある。山形大学医学部看護学科の櫻田香教授の研究チームが発表したもので、山形県内の7つの市で健康診断を受けた40歳以上の男女約1万9000人を対象とした、最大9年間の追跡調査から導き出されたものである。

調査は、異性への関心の有無の他、病歴や笑いの頻度、精神的ストレスなどについて質問し、死亡リスクとの関連を調べたものだが、これらのデータを分析したところ、異性に関心がないと答えた男性は９年間で９・６％が亡くなり、関心があるとした男性の死亡率の５・６％を明確に上回ったということだ。ちなみに、女性のデータからは異性への関心と死亡リスクの相関性は見られなかった。

つまり、〝エロい男性は長生きする〟と結論づけられたのだ。

こう考えると、特に独り身の男性の場合は心身の健康のためにも風俗を積極的に使ったほうがいいのではないかと考えられる。もはや、高齢者専用や障害者専用のお店を作った人は、社会問題を解決するソーシャルアントレプレナーとも言えるのではないだろうか。

話を高齢者専用風俗店に戻そう。

「お店を作るきっかけとなったのは、オーナーの知人に高齢男性が多く『女性と接したいけれど、普通の風俗に行くのはどうしてもハードルが高い』という話を聞くことが多かったことだと聞いています」

こう話すのは、「こころあわせ」店長の七瀬詩織さんだ。40代半ばのほっそりとしたスタイルの、きれいな女性である。前職は風俗と全く関係のない仕事だったため、働き始めた当初は短期間で辞めるつもりだったという。しかし、気づけば10年が経っていた。

お店が立ち上がった当初は、オーナーの知人男性やその知人が主な顧客で、いわば、〝女性と遊び慣れた男性たち〟だった。だが、時代の流れの中で、次第に「これまでに風俗に行ったことがないけれど、妻に先立たれてしまって……」というような、いわゆる〝遊び慣れていない男性〟の利用が大半になっていたという。

実際、お店のホームページを見てみると飾り気のない素朴なデザインで、プロフィールページは肌や目鼻顔立ちに加工を一切加えていない女性たちが並んでおり、店長ブログはあるけれどキャストの写メ日記はない……一般的なデリヘルとは一線を画すスタイルだ。だが、そんなスタイルだからこそ、風俗デビューのシニアも安心して遊べるのかもしれない。

金額は一般的なデリヘルよりも少々安価で60分1万5000円。ただし、同店には、デリヘルコースよりもリーズナブルに女性と遊べるデートコースも用意されている。こちらは60分1万円。男性としての機能が衰えていても、ホテル以外の場所で女性との時間が楽しめるようあらかじめ配慮されているのだ。

その人が、遊び慣れているかどうかは、予約時のやりとりでわかると七瀬さんは言う。まず、風俗を利用する以前にハードルがあるのだ。それはラブホテルに一人で入れない問題だ。ラブホテルが繁華街にあるということがわかっていても、どこのホテルに入ればいいのかわからない、入ったことがないからシステムがわからないといった具合なのである。

「お客様は真面目で、これまで奥様一筋だったというタイプが多いですね。もう奥様とは性生活がない、だけどしてみたいということで罪悪感を抱きながらやってくるんです。でも、一度来ると楽しいから、もう一度……と思い、通うようになっていきます。奥様が亡くなられて長い方などもいらっしゃいます。地域の関わりや習い事などでコミュニティをすぐにつくれる女性と違い、仕事から引退した男性は孤独になりがちです。特に、配偶者を亡くしたり、離婚をしたりした独り暮らしの男性は、会話やコミュニケーションに飢えている人が多いと感じます。一日誰とも喋ってない、たまに喋ると声がかれるという話もキャストを通して聞きます。そのため、お客様と過ごしている時には、会話を大切にするキャストが多いですね」（七瀬さん）

おじいちゃんとのお泊まりコース

利用頻度は、多い人は2週間に1回という人もいるが、1か月に1回というパターンが目立つという。やはりというべきか、年金の出るタイミングに合わせて、予約の電話が多く鳴ると七瀬さんは続ける。

「お客様は皆さん60歳以上の方ばかり。だから、初回のお客様は、『ちゃんと無事に予約日に来られるかな？　具合が悪くなったりしないかな？　待ち合わせは大丈夫かな』と心配になりますね。携帯電話を持っていない人もいるし、持っていてもスマホを使いこなせない人も多いので……」（同）

ほとんどのお客が選ぶのがデリヘルコースの90分、または１２０分。初めての時は勝手がわからないため、最も短い60分を選ぶ。しかし、実際に利用してみると、あっという間に時間が過ぎてしまい、会話も充分に楽しめなかったという残念さがあるようで、お店や女の子を気に入ると、２回目の予約を入れる際には、90分か１２０分と長めのコースを指定するのだという。

中には気に入った女の子とじっくり過ごしたいということで6時間など長時間のデートコースを予約したり、デートコースとヘルスコースを組み合わせて使う人もいる。こういう部分は、女性用風俗と通じるところがある。
「以前、ケーブルカーで山に行って散策をしたいという方もいましたよ。デートコースを利用する場合は食事やお酒、カラオケを一緒に楽しみたいということが多いですね。中には泊まりのコースをご利用される方もいます」（同）
お泊まりコースは23時～翌6時で10万円となかなか贅沢な金額である。
「お泊まりは寝ちゃう時間も多いので、果たしていいのかなとこちらは心配に思ってしまうのですが、お客様が言うには、独り寝じゃなくて目覚めたら隣に女の人がいて、触れることができる……それがいいみたいです。特に70歳を超えてくると、性欲を満たしたいというよりは、相手の温もりを感じたいのでは」（同）
また、プレイする場所もホテルだけとは限らない。
「サ高住などから呼ばれることもありますし、稀に息子さんから親のためにと電話がかかってくることもあります」（同）
サ高住に伺う場合は、清楚なファッションで来てほしいなどとリクエストされることもあり、そういった要望にも応えているという。

だが、楽しく風俗通いをしていても、次第に足が遠のいていく。なぜなら、お店を使い始めるのが60歳以上だからだ。

「最後に利用したのはいつだったかな。そういえば○○さん、長いこと来てないなと常連さんを思い出すことがあります。以前、ある常連さんの友人という方が電話をくださったことがあるんです。『●●の代理なんだけど、彼は入院してしまったので今、入っている予約はキャンセルしてください』と……。家族には言えないからと、友人に頼んだとのことでした。律義ですよね。でも、それ以降、その方はお見えになっていないので心配になります」（七瀬さん）

お店の利用者は60歳以上の男性ばかりだが、実はこのお店で働いている女性たちの多くは意外にも「人妻世代」や「熟女」ではない。現役の学生や会社員といった20代の女性がメインで30代、40代になるにつれて在籍数が減っていく。

「かつて在籍していたのは風俗一本で働いている若い女性が多かったのですが、最近は学生や会社員など本業のある方が、副業でこの仕事をされることが多いですね。風俗系の求人サイトにも出していないので、どうやって連絡を取ってくるのか、実は私も不思議だったんですよ。聞いてみると、ＹｏｕＴｕｂｅを見たり、ネットの記事を読んだりして検索して辿り着いたという人が多いですね」（同）

応募の仕方からも若さを感じる。

このように応募してくる女性は、「もともとおじいちゃんおばあちゃんっ子で、お年寄りとのコミュニケーションが得意」というタイプや、好奇心や社会的関心からというタイプばかりで、ただお金を稼ぎたいからという理由だけの人はいないという。風俗経験もない、もしくはあってもほんの少しで、これまでインタビューした女性たちは全員真面目でおっとりとした、素朴な方ばかりだった。

また、ＯＬや学生など本業を持つ人が多いため、「今すぐ遊びたい」というリクエストにはなかなか応えづらく、そのため前日までの予約制になっている。意外なことに、連絡をせずにドタキャンするお客は少ないという。物忘れが激しくなる年代だが、絶対に忘れないくらい楽しみにしているのだろう。

高齢男性を相手に接客をする20代キャスト

同店で働く女性にも話を聞いた。

多くの利用客は、「暮らしに花が咲いた」「寿命が延びた」と喜んで、感謝の言葉を言ってくれることが多いと話してくれたのは、ノアさん（23歳）だ。普段は会社員をしており、アフター5や週末に副業として働いている。アイドルグループにいそうな可愛らしい女性だ。

「最初は、私なんて孫みたいな年齢だし、話が合わないいんじゃないか、どうやってコミュニケーションを取ったらいいんだろうと心配に思いました。でも、実際に働き始めてみたら杞憂でした。向こうも私に質問をしてくれたりするので、話に困ることはありません。それに、普段お友達と話していても、性について話すことってほとんどないじゃないですか。異性で年齢も離れた方と性について話したり、いろいろ教えてもらったりできるのはこの仕事ならでは。Hな意見交換の時間が楽しいんですよね。中には、『妻とは、だいぶ前に卒業させられちゃったんだよね』などと相談のように思いを打ち明けてくださる方もいます。そういう方からは、日常の仲良しエピソードを聞いたりして、『Hな気持ちになりたい時は私と遊んでくれたらいいからね』と言うようにしてます」

学生時代にメンズエステで働いたことがあり、肌の触れ合いに関しても抵抗はなかったという。むしろ、プレイを始める前に、「手加減してほしい」と言われることもあるそうだ。

「もともと風俗に行っていた方だと、早く出させられるのが嫌だという感覚の方もいらっしゃいますね。この年齢になると、1回出したら2回目って難しいみたいです。だから、ゆっくりと刺激を受け、溜めて、溜めて、最後の最後に射精する……スローセックスのような時間を好まれる方が多いですね」（ノアさん）

以前、メンズエステで働いていた彼女だが、なぜ、高齢者専門店を選んだのだろう。

「好奇心ですね。『おじいちゃんが好きなの？』と聞かれることもあるのですが、そうではなく、60歳以上と年齢を制限したお店を選ぶ人ってどんな人なんだろうと興味があったんです。お客さんは、『こんなおじいさんじゃ嫌だよね』と引け目を感じている方が多く、実際、そうおっしゃる方も少なくありません。また、そういう機能（勃起や射精）がなくなってしまってできないことが、劣等感だったり恥ずかしいと思ったりしているようです。こういう部分を女性が知っていてくれる、理解してくれているお店だから選んでいると感じています。お客様も若い子が好きだから風俗を選んでるっていうわけではないんですよね」（同）

センシティブな部分を初対面の人に説明するのは精神的な負担が重いだろう。自分にはとてもできないと思ったとしても不思議はない。そういった部分をあらかじめ忌憚なく話せたり、理解してくれる人と体を重ねたいと考えるのは自然な流れである。

「別れ際に『それ（次回の予約）まで楽しみに生きていけるよ』と言われたりすると、働きがいを感じますね」（同）

マリコさん（23歳）も、普段は会社員をしており、副業として高齢者専用風俗で働いている。セクシーな雰囲気の女性で、話し方もおっとりとしていて色っぽい。

「一緒にお話をするなど、まったりする時間を重視している方が多いですね。『定年退職して何も楽しみがない中で、このお店を知って、女の子とイチャイチャするようになった。これを楽しみにこれからも頑張っていけそうだよ』などとおっしゃってくれる方もいらっしゃいます」

またプレイ中は、女性に対してジェントルな方が多いと話す。

「体が不自由な方もいらっしゃるのですが、それでも女の子を喜ばせようという気持ちをお持ちなんですよね。体勢が辛そうな時には、さりげなく私が動くようにしています。私のお客様は7～8割は勃って射精もするのですが、特に60代の方はほぼ全員勃って射精しますね。70代になってくると、徐々に勃起や射精がなくなっていくと感じています」（マリコさん）

彼女の常連客の中には80代半ばの男性もいるという。

「独り暮らしをされていて、頻繁にお店を利用してくれます。1回の時間も長く、デートの時間も楽しまれるタイプ。お客様のほとんどは、プレイ自体の時間は短くて、お話をする時間やまったりする時間を重視している方が多いですが、この方も同じで、お酒を飲みながらご飯食べて移動して……というのに5時間。ホテルでイチャイチャするのに1時間という割合で一緒に過ごすことが多いですね」（同）

デートでは話しているうちに「歳をとって、誰とも会わなくなった」「子供から相手にされない」などの悩みや心細さが出ることもあるという。

「その80代の方は、よく『食欲もなくて、夜も眠れない』と弱音を吐くんですよね。でも、性欲はあるんです。しかも、勃ったり射精したりはしないけど、イク感覚はあるそうなんです。実際、イッたあとは、脱力感がすごいみたいで、『しばらく休ませてほしい』と横になってしまう。『マリコちゃん、好きなことしてて』と言うんですが、ゼエゼエと呼吸も苦しそうなので、『大丈夫？』とたまに声をかけながら、横にいますね。そして、いつも別れ際に、『独り暮らしで、定年退職して何も楽しみがないけれど、マリコちゃんに会えるのが楽しみだ。これからも生きていけそうだよ』と言ってくださるんです。

お店を利用するようになってから、気分が上がって、生き生きしていると話す方は多いですよ。女の子とイチャイチャすること自体がアンチエイジングになっているのかなと感じますすね」（同）

人と会って話をすると気分が晴れやかになる。体を動かすと巡りが良くなってポカポカとする。その2つを同時に叶えられるのだから、確かにアンチエイジングになるのかもしれない。

最後に紹介するのは、音大生のモモさん（21歳）だ。可憐で儚げな雰囲気で、いかにも守ってあげたくなるタイプの女性である。

「お客様のリクエストは、人それぞれ本当に違います。全然違うのでとても新鮮です。恋愛みたいな情熱的な部分を求めている人もいたり、趣味のお話をしたい方もいらっしゃったりします。ですから、すぐにホテルに行くのではなく、カラオケなどデートを楽しむこともありますよ。一緒にいる幸せな空間を楽しんでいただきたいです。エロも含めてなんですけど、それだけでなく楽しんでほしいですね」

モモさんがこう言うのには理由がある。彼女の常連さんには年齢が高めの男性が多いからだ。射精までいく人のほうが珍しいと言う。

「風俗のお仕事なので、イクところまでお手伝いするほうがいいのかもしれないと思うこともあるのですが、イカせようと頑張ってしまうと相手が負担に感じてしまい、楽しめなくなってしまうかもと感じています。それでは申し訳ないので、イカせてと頼まれたら頑張りますが、頼まれなければ様子を見ながら無理しないような流れをつくるなど、その時々で対応をしています。お客様のリクエストは、人それぞれ本当に違っているので、リクエストに応えることがいいのだろうなと思っています」（モモさん）

同じお客でも今回と次回で異なることもあり、そのため、毎回同じであることがないのだと彼女は言う。

「同じ人でも、恋愛みたいなイチャイチャとした時間を求めてくることもあれば、共通の趣味の話で盛り上がることもあります。よく、抱き心地が良いと言われるのですが、私が抱き枕になって添い寝をすることもあります」（同）

客はその時の気分と体調に合わせて、好みの女性と自分が過ごしたいように心ゆくまで過ごしているのだ。

障害者専用風俗を利用する高齢者

障害者専門デリヘルの「はんどめいど倶楽部」は、2010年から運営をしている、（筆者の知る限りでは日本で初めて）本格的に障害者専用を掲げたデリヘルである。オープンして間もない頃にSNSを通してオーナーのショウさんと知り合った。ショウさんに今回、改めて高齢者のお客さんの利用状況について聞いてみた。

「オープン当初は高齢者のお客さんは全然いなかったんですが、最近では徐々に増えてきましたね。ただし、若い障害者はインターネットで目立っていれば利用をしてくれるのですが、高齢者ってアナログだから情報を伝えるのが大変。大きいメディアで取り上げられたり、活字になったりして、初めて認知される感じです」

取材で雑誌やテレビに取り上げられるたびに、シニアの利用者が少しずつ増えていくのだそうだ。

「うちの利用者は75歳以上です。60代だとまだ自分が高齢者だとは思っていない人も多いので、一般の風俗店を使っている方も多いと思う。奥さんと死別して再婚の予定はないので、うちを利用しながら余生を楽しむ方が割合として多いのかな。出会いが恋愛に発展するとは考えていないので、『一緒に温泉旅行へ行こう』などと言っていても、そういう話題で盛り上がりたいだけという感じで、実際に行くわけではないんです。そのやりとりを楽しんでいるんだと思います」（ショウさん）

障害者の風俗店利用は、介護者や親族などからの依頼もあり、自宅だけでなく施設に行くことも多いが、高齢者に関しては自立した生活をしていることが多く、基本的に本人が自ら電話をしてくるという。

「高齢者のお客さんはデリヘルコースとして行っても、家事をやってあげて、話を聞いてあげて帰ってくるパターンが多い。性的なことに関しては枯れ気味で、着衣のままハグをしたり、スキンシップをして終わりでよいという、ソフトな依頼がほとんどですね。

それよりは、本当に話し相手がいないようで、とにかく話を聞いてほしいというお客さんが多い。デリヘルっぽいことを何もしないで終わっちゃって、キャストさんが困惑しちゃうくらいですから（笑）。『次はデリヘルコースじゃなくて、デートコースの提案をしてあげましょう』みたいな感じになることもあります」（同）

高齢者の場合、目立つことが3つあるという。

「裸になるにしてもベッドに入るというよりは、一緒にお風呂に入りたいという方がものすごく多い。一緒に入浴するのがスタンダードなプレイになっていて、まさに全裸入浴介助といった感じ（笑）。湯船に一緒に入るのが本当に好きみたい。それから、病院に付き添ってほしいというように、介護ヘルパーを自費で利用するような使い方をする人も多い。家族的な役割を求めているんです。介護ヘルパーを頼めば1000円、2000円といったところを、デートコースの1時間6000円で依頼する。それで病院の付き添いをすると2万～3万円かかるわけで、ちょっと驚いてしまいますが、需要があるんです。そして、最も多いのが一緒にご飯を食べたいというリクエスト。2～3時間の利用がスタンダードで、昼時に『お弁当を買ってきて』『食材買ってきて。ご飯作って』などの依頼があって、一緒に食べてお喋りしながら過ごすんです」（同）

介護ヘルパーの10倍以上の対価を払ってでも、一緒に病院に行きたいというのは、法律でヘルパーができることが細かく規定されているからだ。介護保険の場合、少し回り道をして散歩しながら病院に行ったり、途中でカフェに寄ってコーヒーを一緒に楽しんだりするような使い方はできない。

もちろん、訪問介護の介護士が一緒にお風呂に入ることはできないし、ご飯を一緒に食べることもできない。既存の介護サービスではできないことをしたくて、風俗を利用している高齢者が一定数いるのだ。

「一緒に過ごす時間の中では、『俺、昔サーファーだったんだぜ』と今は全然使ってないサーフボードを見せながら、思い出話をするような方もいました。若い20代のキャストだとジェネレーションギャップがあり、言葉そのものがわからないなど、どう返事すればいいのかと戸惑うことも多いようなんですが、話を聞いてもらえて、相槌を打ってもらえれば満足するみたいです」（同）

限られた時間で心を満たすために風俗を利用する

人が性交渉を持つ目的は生殖だけではない。もちろん、快楽や性欲の充足も目的の一つだが、体を合わせることで心を通わせ合うためにも行う。コミュニケーション、スキンシップ、愛情の確認、癒やし……どの表現がしっくりくるか、それは人によって異なるだろう。そして、相手との交流を楽しみたいのだから、相手は誰でもいいというわけにはいかない。

現在、60歳以上の人口は約４４００万人に達する。その中で、定期的に性交渉をもち持ったり、心身の交流ができたりする相手がいるという人はどれだけいるのだろう。

「お客様の中には、『独り暮らしで一日中喋らないこともある。毎日同じ景色を見て、休日も平日も変わりないから、今日が何曜日なのかわからない』とおっしゃる方がいました。そんなお客様に、刺激となる非日常のお時間を提供できたらいいなと思っているんです」

「こころあわせ」のノアさんはそう話した。

毎日の生活にハリを持たせ、生き生きとした人生にするべく、既存のサービスを利用する。そのことを非難する人はいないだろう。しかし、それが、異性と過ごす時間を作りたいと風俗を利用するとなると素直に良いことだと受け止められない人が出てくるのは、一体なぜなのだろうか。

「こころあわせ」では、利用するお客の多くが60代～70歳前後。70歳を過ぎると少しずつ減っていき、80代のお客はごく少数だという。

「通う期間は長くても6～7年程度。うちのお客様は全員60歳以上です。病気などで80代になる頃には足が遠のいてしまいます」

病気になったり、ホームに入るなどの理由でお店の利用が減っていくのだろうと前出の七瀬さんは話してくれた。男性の平均寿命は81・4歳だから、元気でいられるギリギリまでお店を使い続けていることが想像できる。

元気に生きられる時間に、異性との楽しい時間を過ごしたい。その希望を叶えたいと思った時、実はなかなか手段がない。高齢者用の婚活サイトや結婚相談所では同世代の異性と多少は出会えるかもしれない。だが、本気の交際を前提として出会いを見つけるには時間が足りない。

写真を見ていいなと思ったけれど、食事をしながら会話をしてみたら、あまり気が合わなかった……という繰り返しを、どれだけ積み重ねることができるのだろうか。

そもそも、もっとワガママに異性との時間を過ごしたいというニーズもあるだろう。恋愛をベースとした関係では、相手と自分の希望をすり合わせていく必要がある。その点、風俗は対価を支払うことにより、自分のニーズを希望に近い形で満たすことができるのだ。

寄る辺ない日常の中で過ごす高齢者のニーズを、風俗店は様々な形で確実に掬い上げている。

第4章　ＱＯＬ向上のためのシニア向け性娯楽

シニアの性生活のためにフェムテック

前章では主に高齢者と風俗店について紹介したが、性を取り扱う産業には他にも様々なものがある。本章では、性生活を豊かに楽しむための娯楽や、行為時のサポートとなるようなグッズなどを紹介していきたい。

2003年に設立された、女性が購入しやすいホームページで安心して使える商品を製作・販売してきた「LCラブコスメ」というネットショップがある。日本で初めてセクシャルヘルスケアを提唱したナチュラルプランツという会社が運営しており、セクシャルな悩みを解決することで、QOLを上げることをテーマとしている。

筆者はこの企業の立ち上げ時から、メールマガジンやコラム、商品と同梱する冊子等を執筆するライターとして数年間関わっていた。当時、最も心血を注いだのが「イメージを変える言葉を使い、文章を書くこと」だった。

創業当時は、「アダルトグッズといえば路地裏で売られているもの」「いかがわしさがあり、女性はとても入りづらい」という雰囲気だったため、広く一般的に商品が受け入れられるためには、こうしたアングラなイメージを払拭する必要があった。

サイト名は最初「ラブコスメティック」という名前でスタートをし、爽やかな水色がイメージカラーとなった。また、可愛らしいイラストがホームページやメルマガのあちこちで使われることになった。

また、サイト名である「ラブコスメティック」というのは、自分の体を愛するための化粧品という意味合いから名付けられたのだが、それは主にデリケートゾーン等に使用する化粧品類を指す。ちなみに、感度を上げるなどの目的で性器に用いる商品は当時「媚薬」と呼ばれていて、なんだか妖しさがあった。

文章中で使うには、「ラブコスメティック」だと長いため愛称として「ラブコスメ」にしようと決めたのだが、このネーミングに合わせて他の言葉も刷新しようということになった。「アダルトグッズ」と呼ばれていた商品を「ラブグッズ」と呼び、挿入を想像させてしまう「セックス」ではなくイチャイチャとした時間をも表現できる「ラブタイム」を使うなど、女性が商品や店舗に関する説明を読んだ時に「これなら私も使える」「ここなら私が買っても大丈夫」「自分のための商品だ」と受け入れてもらえるように、それまでにあった全ての言葉に疑問を持ち、新しい言葉を作っていった。

また、当然だが、商品自体も新しいものだった。

特に、潤滑ローションは、一部外国製品などでその国の化粧品認可を取っているものはあったが、アダルトグッズショップでは基本的に「雑貨」として扱われており、成分表示の義務もなければ、使用期限の表示義務もなかった。

一方で「潤滑ゼリー」としてドラッグストアで販売されているものはあり、こちらは「性交痛の解消」に用いるもので、イメージとしては市販薬に近いものだった。

ちょうど、「LCラブコスメ」が立ち上がる直前の2001年4月に薬事法の運用が大幅に改正され、化粧品の製造が大きく規制緩和されたのだが、厚生労働大臣による承認・許可制から届け出制となり、メーカーは自由に化粧品を作ることができるようになった。併せて、化粧品は指定成分を表示すればよかったところが、このタイミングで全成分表示が義務付けられた。このことにより、化粧品の製造から流通は大きな変革期を迎えるに至ったのだ。それは、当然、セクシャルヘルスに関わる商品にも及んだ。

つまり、2000年代初頭までほぼ皆無だった化粧品の分類の潤滑ローション市場が一気に花開いたのだ。「より楽しく」「より気持ちよく」使うために、安心して皮膚や粘膜に用いることのできる潤滑ローションが普及し、「ＬＣラブコスメ」でも化粧品の認可を取り、成分や製造発売元を表示した国産ローションを販売した。そのほかにも、黒ずみを解消する石けん、性感を高める商品、口に入れても安心でおいしい味のするローションなど「安心して皮膚や粘膜に使える性のヘルスケア商品」を販売し、それを提唱していったのだ。

それから20年、性生活の豊かさが人々の生活の中で大切なことであるという意識は社会で徐々に高まってきている。「ＬＣラブコスメ」を運営するナチュラルプランツの担当者はこう話す。

「フェムテックという言葉が浸透してきたこともあり、ラブグッズも世間に許容されてきたのだなと感じています。２０２３年秋に東京ビッグサイトでフェムテック展が開催されたのですが、生理用のショーツや膣ケアといったヘルスケア寄りのブースが多い中で、ラブグッズのブースもかなりの数があったことでも、許容度の高まりを感じています」

ナチュラルプランツは創業20年ということもあり、使い始めた時は20代、30代だった人も、今では40代、50代へと足を踏み入れている。年齢層の高いユーザーはどれくらいの割合がいるのだろうか。
「データとして正確に出した数字ではないのですが、レビュー回答者の年齢やアンケートでのご回答から、約10%が50代、60代といった世代です。アンケートのご回答では80代の方もいましたし、電話で90代の方から注文を受けたこともあるので、高齢者の方も確実にご利用されていることがわかります」（担当者）
商品の傾向としては「リュイール」（性器に少量塗ると、より感度が高まり、濡れやすくなるため、痛みや違和感を軽減できる美容液のような商品）や潤滑ローションの他、膣トレアイテムなどが選ばれているという。また、日常でも使える化粧品も販売されているのだが、ベッド用の香水やボディの保湿ケア用品も売れているとのことだ。
「無理のない、ゆっくりとしたラブタイムを楽しめるものを探す方が多いですね。潤いが足りない、濡れにくいといった悩みを抱えている方も少なからずいらっしゃるのではと感じます。特に『リュイール』は、自然な潤いと高まる気分を目的とした商品なので、より良いラブタイムを楽しんでいただけると嬉しいですね。他に、潤い不足をサポートする『ラブスライド』などの潤滑ジェルが定番人気ですが、これは塗ってすぐに潤いを実感できる商品です。他に臭い対策の商品などを毎日のケアに取り入れる方もいらっし

ゃいますよ」（同）
以前、80歳近い男性が、わざわざ会社の住所を調べて商品を購入しに来たことがあるという。その際に渡されたメモには「マリンビーンズ」（電池式のバイブ）と書いてあったそうだ。勃起しなくなった男性が楽しみたいという時には、バイブなどを利用するケースもあるのだろう。
ちなみに「リュイール」は３７４０円、「ラブスライド」は２１６０円。何回か繰り返し使えることを考えると、快適で楽しい性生活のために取り入れるものとしてはさほど高くはない。

70代の男性が妻に下着をプレゼント

同社では感想を受け付けたり、アンケートを実施したりと、ユーザーからの声を積極的に掬い上げているが、思い出に残る深い感想もあった。

「以前、クリスマス時期にコスチュームやランジェリーを販売したことがあるのですが、70代の男性から『妻に着せたいのだけれど、サイズはどれくらいなのか』と問い合わせがあったことがありました。夫婦で楽しいクリスマスを過ごせるように、奥様にプレゼントをしたいとお話しされていました。『70代の老夫婦だから』とおっしゃっていたのですが、プレゼントにランジェリーを選択するなんて素敵ですよね」（担当者）

性生活を楽しもうと思った時、気軽に誰にでも相談できる状況が整っているとは言い難い。通販の問い合わせ窓口は、一つの相談できる場所としても機能しているのだと実感できるエピソードである。

「昔は恥ずかしい、人に聞けないというのが当たり前だった性の質問が、オープンになってきていると感じます。弊社も20年が経過したことにより、親子で商品を使っているという方も出てきました。商品がきっかけになって、性の質問や悩みを話しやすい関係を築けているという声をいただき、時代の変化を感じています。弊社が、悩みを解消したいと思った時のよりどころになれるといいですね。使うかどうかはその人次第ですが、使ったらきっと何か明るい光が差し込む……うちの商品がそんな存在であってほしいと思います」（同）

時代は変わりつつあるが、まだ変化に乏しい部分もある。それは今回の書籍のテーマの一つでもあるのだが、性の娯楽というと、「AVや風俗は男性が使うもの」というイメージが定着しているということだ。ＡＶに関しては「ＦＡＮＺＡ ＲＥＰＯＲＴ ２０１８」によると３割が女性ユーザーであるという結果になっているのだが、意外とそれは知られていない。

性の娯楽やサービスは、それを受け取りたい人、老いも若きも全てのものである。「性の娯楽というと、『イコール女性の裸』みたいなシンボリック的な見せ方や考え方があるように思います。それが、社会全体で変わるといいなと思いますし、変えていきたいですね」（同）

セクシャルウェルネス業界の伸び代もまだまだたくさんありそうだ。

また、セックスは恋愛や子づくりをしている人のためだけのものではない。性交渉は心身の健康や幸せのために、生活の中で重要な役割を果たしているものなのだから、もっと幅広い人たちのものなのだ。

合法の大麻関連製品が高齢者の性生活を変える

２０２３年12月に大麻取締法が改正され、２０２４年に施行される予定だが、大麻の成分から作られた合法のＣＢＤ製品もセクシャルウェルネスに役立つと注目している。

今回の改正の中では、「部位別から成分別に着目して規制をする」「医療用大麻の開発や使用が行われていく」という部分において、性機能や性生活への影響が大きい。

これまで、大麻という植物は、「麻薬及び向精神薬取締法」（以下、麻取法）で指定されていなかった（ただし、精神作用のあるＴＨＣという大麻に含まれる成分は指定され規制下にあった）。また、麻取法は、「危険な麻薬の乱用を取り締まる法律」だと思われている節があるが、本来は平たく言うと「医薬品である麻薬や向精神薬は、医師など専門家がきちんと取り扱いましょう。一般人は乱用してはいけません」という、正しく使用して不正な使用は規制しようと線引きする法律である。

今回の改正でこの法律に大麻が加わったことにより、今後、医薬品だけでなく、健康食品や化粧品のジャンルでも大麻由来の成分が利用されていくことになる。

医療大麻の分野で言えば、大麻が難治てんかんのドラベ症候群、レノックス・ガストー症候群、結節性硬化症という３つの病に効果があるとされ、エピディオレックスというＣＢＤオイルを扱う会社により、すでに治験が始まっている。

一方で、医療用大麻は「慢性の痛みの解消」「不安や気分の沈みの解消」「不眠やリラックス効果」に有効であると、健康食品や化粧品のジャンルでも幅広い商品が作られて、すでに数多く販売されている。

さて、ＣＢＤの効果を見て、気づいたことはないだろうか。そう、更年期世代以降の性生活に非常に役立ちそうなのである。

実際にすでに性生活で使えるＣＢＤ製品は日本でも販売されている。ＣＢＤ商品の輸入や販売を早い時期から本格的に行っている共英では、性器に使えるローションをはじめ、様々な関連製品を販売している。代表の荒井香名さんは次のように言う。

「アメリカでは10人に１人がセックスの際に利用しているとも言われているんです。私も、最初聞いた時は『大麻!?　大丈夫なの？』と思いましたが、実際にＣＢＤ製品を使ってみると、ナチュラルですごくいいものだと実感しました」

実際、筆者も更年期障害のメンタル面の不調や不眠の対策としてＣＢＤオイルを飲んでいるのだが、気分がリラックスしたり、入眠しやすく質のいい眠りを得やすいなど、効果を感じている。

このように飲む商品は主にメンタル面などで役立つが、潤滑剤として使えるデリケートゾーン用のローションはもっと直接的に悩みを解消する。

「ＣＢＤ製品を夫婦生活に利用しているという60代の再婚カップルがいるのですが、女性の方が年齢のために濡れないという悩みを抱えていたそうです。そこで、ＣＢＤの潤滑ローションを試してみたところ、悩みがすっかり解消したとのことでした。ＣＢＤには痛みや炎症を抑える効果があるので、これまでの性生活でついてしまった傷や擦れもケアできると喜んでいましたよ。デリケートゾーンの日常的なスキンケアとしても使っているそうです。ちなみに、セックスの際は、リラックス効果もあるからか気持ちよさも増すみたいです」（荒井さん）

年齢を重ねると、顔や手なども乾燥してくる。そのために、ハリがなくなったり、かゆみが起きたりするが、性器にも同じようなトラブルが生じるのだ。それは、閉経によって女性ホルモンであるエストロゲンの分泌量が減少することによる。エストロゲンの減少により、膣壁や膣内膜が薄くなって柔軟性がなくなったり、潤いが減少したりするのだ。そうすると膣がかゆくなったり、炎症を起こしてヒリヒリと不快になったりする他、膣や外陰部に裂傷も起きやすくなる。そのような愁訴をＣＢＤは解消してくれる。

同社が販売するローションは５５００円（73㎖）。性行為の時だけでなく、デリケートゾーンの日常的なスキンケアとして悩みを解消するためにも使える。顔の美容液などの値段を考えると、手の届かない値段ではない。

更年期以降の性器の不快な悩みに対してＣＢＤ製品を日常のセルフケアとして取り入れていく高齢者は、今後増えていくのではないだろうか。

高齢者を相手にする熟女チャットレディ

今の時代、後期高齢者と言われる年齢であってもパソコンやスマホを使いこなす人は多い。ＬＩＮＥなどのコミュニケーションツールを使って、文字だけでなく、写真や動画で遠方の親族とやりとりする人もいるだろう。買い物をしたり、動画を見たりと、高齢者にとってもＩＴスキルは生活していく上で必須となっている。

以前、風俗の講師をやっている女性からこんなことを聞いた。

「ＳＮＳをやっていると、当事者の方から深刻な性の悩みがＤＭ（ダイレクトメッセージ）で来ることがあるんです。この前、60代の男性で、病気で手足が不自由になった方から、『朝起きると勃起や夢精をしていることがあるのだが、妻から気持ち悪いとなじられる。性的な関係を持ちたい気持ちもあるのだけれど、妻は拒否するばかりで……。

障害者専門のデリヘルなどのサービスを利用することも提案してみたが、こんな歳にもなっていやらしいと許してくれない。もう生きていく楽しみがない、死んでしまいたい』という切実な訴えが届きました」

手が使えないため自慰はできない、足も不自由で行動範囲は基本ベッドの上、移動は車椅子という方だったそうだ。もしかしたら妻にも、口には出さないものの何かしら性を肯定的に受け止められない理由があり、夫の欲求に応じることができなかったのかもしれない。

だが、妻は夫を汚いものを見るように蔑み、夫は絶望を抱えている関係は不幸だ。満たされない性欲という溝が夫婦関係を壊していくようにしか見えない。

「その方とはやりとりを続けているのですが、ネットの力によって障害者や高齢者の方の交友関係って広がっているのですよね」（風俗講師）

現在、セクシーなやりとりもできるチャットサービスが存在し、それはアダルトチャットとも呼ばれている。残念ながら、システムが整っていてわかりやすく、中年〜高齢者でも使いやすそうな既存のサービスは男性向けばかりだ。代表的なものでは、最大手の「FANZAライブチャット」の他、熟女チャットでは「マダムライブ」「CHAT

ＰＩＡ」などがある。

女性向けでは、もともとゲイ向けだった「ＭＥＮ'Ｓ ＬＩＶＥ ＪＡＰＡＮ」が女性向けに始めた「ＭＥＮ'Ｓ ＬＩＶＥ ＪＡＰＡＮ ＧＩＲＬＳ」や、イケメンがお相手してくれる「メンズガーデン」があるが、中高年女性が使いやすいとは言い難い。だが、女性用風俗のユーザーが拡大しているため、今後、女性向けのチャットも広がりを見せていくかもしれない。

まだ数は少ないが、高齢者をターゲットとし、チャットレディに熟女を採用するチャットルームも存在する。


東京の日暮里と御徒町に拠点を置く「アイクルチャット」を運営するアキラさんに話を聞いた。チャットレディというと若い女性が副業で行ったり、小さな子供のいる主婦がバイトでするイメージがあるが、アイクルチャットはその固定概念を覆す。

「うちで働く女性は平均年齢が45・8歳。最年長は63歳で、７割が40～50代です。そのうち、レギュラー（週１回以上の出勤）が15人程度で、準レギュラー（月１回以上の出勤）は20～30人です。彼女たちにつくお客さんは、メインが60代で、40～70代がほとんどを占めます。年齢という括りでは男性のニーズに、年上の女性が好きな人、同世代が好きな人、年下が好きな人がありますが、メインのお客さんは60代ということからしても少し年下の女性が好きな方が多いのでしょうね」

過去には、累計500万円以上使っていた60代の男性もいたという。アダルトチャットの黎明期から、定期的に遊んでいた場合、月々2万円ほど遊んでいればそれくらいの金額になるので驚くほどではない。

とはいえ、チャットができる環境というのは、スマホを使えたりパソコンを置く環境があり、なおかつ不自由なく使えるなど一定の条件が必要になるため、ある程度のITスキルと世帯収入があると想像できる。

ここで働くイクミさん（仮名・55歳）は「『もうポイントがなくなってしまうから、しばらく会いに来られない』とカツカツの予算を振り絞ってチャットをする人もいるけれど、画面に映るお部屋などを見ていると大半はお金も時間も余裕があるタイプに見える」と証言する。では、どんな人が利用し、女性はどのようなきっかけで働き始めるのだろうか。

「1人の女性が3～4人の常連さんを抱えています。うちで働いている女性に聞くと、人によってつくお客さんのタイプは多少変わりますが、だいたいみんな同じような感じでお話やセクシーな行為をしていますね。30～40代の男性はお酒を飲みながらお喋りをしてアダルトに入るんですけど、60代以上はお酒を飲む方もあまりいないなど、遊び方がガラッと変わる印象がありますね」（アキラさん）

「私は、もともと介護系の仕事をしていたのですが、知人がチャットルームを立ち上げるということで声をかけられ、この仕事を始めました。当時は、コロナ禍でプライベートの行動も制限されていたからです。外食禁止、家族以外との接触は制限と、本当に自由がない状態で鬱憤が溜まっていました。チャットは個室で、誰にも会わずにお話しできるので、これならできると思ったんです。それに、私はシングルマザーで、元夫からは養育費をもらっていません。今、子供が一番お金がかかる時期なので、副収入がありがたかったというのもあり、お誘いにすぐ乗りました」（イクミさん）

独居老人とイチャイチャトーク

アイクルチャットで働く女性は、アダルトの仕事は全く初めてだという女性が９割以上だという。そのため、最初のうちは、「激しいアダルトはちょっと」と二の足を踏む人も少なくないが、常連男性と話すうちに気分が乗ってきたり、チャットが盛り上がるうちにサービス精神がくすぐられたりして、ヌードを見せるようになっていくそうだ。

チャットルームには貸出用の衣装も準備されており、衣装部屋を覗くと、透け感のあるブラウスや座ったらパンツが見えそうなミニスカート、体にフィットするタイトなワンピースなどの衣装が並んでいた。

若い頃であれば、日常生活の中で着ることもあっただろうが、40歳も過ぎてくると普段の生活でこのような服をもう着る機会はなかなかない。そのため、ここでの仕事は〝変身〟を伴う。衣装を選ぶ姿は、まるでティーンエージャーのようで、その日の気分でコーディネイトを楽しんでいるのが印象的だった。

「始めた時点で50歳を超えていたので、需要なんてあるのかなと疑問に思っていたのですが、50〜60代のお客様は当たり前のようにいらっしゃるし、時には80代かな?という男性も利用されているんです。私の場合、ログインしてくれる方の半数強は50〜60代。残りが40代と70〜80代ですね。出勤すると必ずログインしてくれる常連さんが3〜4人いますが、その人たちは60〜70代です」(同)

常連男性の1人は、カメラに映る自宅の背景から察するに一軒家に住んでいて、いつでもチャットにつなげられるという状況にあり、部屋にある物が乱雑に散らかっている環境からおそらく独り暮らしだろうと彼女は言う。

「離婚したのか死別なのかはわからないですが、なんとなく雰囲気からお一人なんだろうなとわかりますよね。最初の頃に、『男性としてはもう、ちょっとね……』ということをおっしゃっていたので、男性としては機能しないのだと思います。そのため、趣味のお話をしたり、相手の方の『こんな衣装を身につけてほしい』というリクエストにお応えしたりしています。特に、趣味については、作品を私に見せてくるので『すごい上手ですね。プロみたい!!』『素敵な絵ですね。どんなふうに景色を選んで描くんですか?』などと褒めてあげるとすごく喜ぶんです。60代、70代の男性はみんな『話を聞いてほしい』という方が多いですね。素敵ですね、カッコいいなどと褒めるとすごく嬉しそうにしますよ」(同)

年齢が60代くらいまでは、男性としても元気なことが多く、趣味や日常の話をした後には、イチャイチャとしたトークになるのが一般的な流れだという。

「そして最後に、私の裸を見てスッキリされたらログアウトします。ただ70歳前後で、男性としての機能に変化があるみたいです。70代の方たちはアダルト行為をしない方が多いんですよね。ある70代前半の常連男性は、メールで官能小説のような台本が送られてきて、それを読んでほしいというリクエストをするのですが、私に脱いでほしいなどのリクエストはありませんでした。お互いにセリフを読み合って、その小説を演じたらログアウトされます。ユーザーの方たちは、ネット上にいろいろ話せる相手がいる、恋人がいるという感覚なのでしょうね。介護施設で働いている時には、夜勤で各お部屋を回ることがあるのですが、お布団を直したりすると、ペニスどころか足も立たないのに手は握ってくるおじいちゃんとかよくいました。また、ダンディな男性が入所してくると、おばあちゃんたちが少しおしゃれをして口紅をして共有スペースに出てきたりするんです。心ときめく存在がいると、人って元気になるんだなと思います」（同）

30分でユーザーが使うお金は3000～5000円程度。決して安くはない。だが、中にはお酒を飲む際の話し相手として使う人もいて、キャバクラやスナックの金額と比較すると、妥当ではないかとも感じさせられる。

自宅にいながら人とコミュニケーションが取れる機会であると考えると、お酒の場に足を運びにくくなった人にはちょうどいいのかもしれない。

熟女女優が出演する熟女AVは定番人気ジャンル

1990年代からAV業界には「熟女」と呼ばれるジャンルがあり、30〜80代の女優が作品に出演している。AV配信最大手「FANZA」のホームページで、熟女作品の取り扱いがあるメーカーを見ると、161社（2023年12月時点）が登録されていて、検索キーワードでも「熟女」はほぼ常に1位となるなど需要が高い。

各メーカーでそれぞれ異なった趣向の作品が制作されているが、50代以上の超熟女と業界が定義する女優が出演する作品を取り扱っているメーカーも少なくない。

今日、五十路女優の「初撮り人妻ドキュメント」は人気シリーズとなっている、熟女AVメーカー最大手「センタービレッジ」に話を聞いた。

同社が扱うAVは五十路、豊満、おばさんなどの言葉がタイトルに入っており、パッケージでは女優が優しそうな笑顔を浮かべてはんなりとした雰囲気を醸し出している。つまり、熟女でも、フレッシュな色気が溢れる若妻ではなく、しっとりと落ち着いた女性をアピールするものが多い。こういった作品を好むユーザーとはどんな人たちなのだろうか。

「AVは性癖を伴うジャンルの特性上、好みはお客様個々でまちまちだと思います。熟女・人妻ファンの好みの傾向には大きく2つあり、『もともと年上女性が好き、熟女が好き』というタイプの方と、『自身の加齢とともに好みも、より高齢に変化していく』タイプの方がいます。ただ、10年以上変わらず続くシリーズ作品がずっと支持されているなど、基本的にはユーザーさんの好みというのは保守的な傾向がありますね。人気のある女優さんの年代は50代、人気のあるシリーズは『初撮り人妻（五十路妻、六十路妻）ドキュメント』という状況が長く続いています」（センタービレッジの担当者）

AVで美熟女ブームが起きたのは2000年代半ばである。それ以前は、熟女作品は主にマニア向けであり、言い方は悪いが老いを醜いものとして扱うようなものもあり、いわゆる近親相姦等マニアックなテーマが多かった。しかし、制作者が新しいニーズと女優を掘り起こし、ユーザーの声も反映され、徐々に熟女AVは定番化した。


合わせて、80年代にAVに出合った世代が年齢を重ねていったこと、日本の高齢化が進んでいったことも拡大の背景にはあるだろう。

「まだジャンルとして未成熟だった頃の熟女AVというのは、レンタルビデオ店の熟女コーナーに十把一絡げでざっくりと陳列されるような存在でした。当時は熟女作品に出ているＡＶ女優は女優ではなく『素人の熟女さん、おばさん、人妻さん』という存在でしたが、徐々に『熟女ＡＶ女優』として認知されるようになり、〝素人さんのＡＶ出演〟ではなく正式に〝ＡＶデビュー〟を謳える存在になったことは大きい変化だと思います。

ただし、当然のことながらその弊害として各女優さんの人気格差は昔よりも明確になり、デビュー後に売れなければ仕事がなくなり即引退といったケースも増えました。つまり、熟女であれば誰でも出演できるといった状況ではなくなっているのです」（同）

実際、熟女ＡＶは前に説明したように人気ジャンルであり、すでに一般化・定番化している。これは、ファン層が幅広く存在しているということであり、結果的に作れる作品も多様化していく。今や50代、60代の女性が出演しているというだけでは、作品として成立し得ないのだ。結果的に、現在では、「熟女＆爆乳」「熟女＆ソープ」「熟女＆介護」などユーザーの細かいニーズに応えた作品が作られるようになってきている。

「昔は『熟女好き＝マザコン』という作り手側の理解不足や偏見の下に近親相姦作品が多数作られていた節もあったかと思います。しかし、今ではいわゆる単体ＡＶメーカーの女優作品と比較しても遜色ないほどの内容のものや企画の細分化、多様化が進んだと

思います」（同）

では、高齢化に伴い売り上げは増加し、出演者も増加しているのか……というと近年においてはその限りではない。なぜなら、コロナ禍に加え、２０２２年に新しくできたＡＶ出演被害防止・救済法によって、ＡＶ業界は大きな打撃を受け、なかなか立ち直れないでいるからだ。

「コロナ前、コロナ後で想定外の落ち方をしたことによる後遺症が大きく、そういった意味では高齢化自体が売り上げ減に直接つながっていると言えるかもしれません。理由はいくつかあります。コロナ禍の外出規制（高齢のＡＶユーザーの外出機会が減ってしまった）や、リアル小売店の激減といった購買を取り巻く周囲の変化、それに伴って弊社のメインターゲット層である中高年ユーザーが決済方法や視聴環境などの様々な個人的理由で動画配信に移行・対応できないという複合的要因もあります。また、出演される側の熟女さんはご家庭をお持ちの場合が多く、契約から出演までのハードルが高いＡＶ出演被害防止・救済法の成立は新人女優不足に陥る枷となっており、残念ながら数年前に比べて出演希望者も減少傾向にあります」（同）

購買も出演もニーズはあるのに、それに応えきれない状況となってしまっているのだ。

実際、中年〜高齢者のユーザーについては、ネット時代についていけない人が少なくない。以前、70代の男性の自宅に伺った時、その人から趣味で集めているＡＶを見せてもらったことがある。その多くがセンタービレッジのものだったのだが、電話の通販で購入しているとのことだった。その男性はこう話していた。

「カタログが送られてくるので、それを見て、これが欲しいなあ、でもこっちもいいなあって見て選ぶんだよ。俺は昔から年上が好きなんだけど、この年齢になると年上ってなかなかいないだろ？　この美人さんが好きなんだよ」

そういって戸棚に並んだＡＶを指さしたのだが、並んでいたのは50〜70代の女優だった。好みの女優やメーカーが決まっている人であれば、この男性のように電話注文もできるだろう。だが、高齢者の中にもリアル店舗でいろんな作品を見て選びたいというユーザーは多い。ネット化によって楽しみを奪われてしまったという高齢者も少なくないのである。

また、金銭的な面についても新作を常に購入するのはしんどいという高齢者もいるだろう。実際、地方のビデオショップに取材した時には、毎日のように自転車でやってきては、中古作品やオムニバスを中心に商品を選んでいく高齢男性がいるという話を聞いた。新作ＡＶが２０００〜３０００円で販売されているのに対し、中古作品は数百円で購入することができる。オムニバス作品は過去に発売された複数の作品からシーンを集めて長時間に編集し直したものでコスパが優れている。新作、中古、オムニバスと、好みの女優や予算といった条件から様々に商品を選べる場所という意味では、高齢者にとって小売店の存在は貴重だったのではないか。

熟女ＡＶメーカーが集まって、新作から中古まで様々な作品をトラックに詰め込んだ熟女ＡＶ移動販売車の運営を地方中心でやってみたら案外流行るかもしれない。

〝世界最高齢〟88歳のＡＶ女優・小笠原裕子さん

実は日本には、〝世界最高齢〟を掲げる現役ＡＶ女優・小笠原裕子さんという方がいる。現在の年齢は88歳。２０１６年に81歳でＡＶデビューを成し遂げた。その偉業により、フランスの国営放送でも特集されたことのあるスゴい人なのだ。もちろん、番組の内容は「元気にＡＶに出演するおばあちゃん」である。

81歳でのＡＶ女優デビューとは遅咲きも遅咲きであるが、マイペースに出演を続けている。小笠原さんがAVに出演するきっかけとなったのは、以前、経営をしていたスナックのお客さんに誘われたことだった。長い人生の中で、スナックで働くようになったのにはそれなりの経緯がある。

「母親から『女は23歳になったら家を出なさい。それ以上になったら、売れ残りだから、23歳までにいい人を見つけて結婚しなさい』って言われていたんですね。私はね、若い時から、こういう人がいいという理想があったの。夢って必要じゃない？　背が高くて、自分より頭が良くて、イケメンで、スポーツができる人。あと、実家に住んでいる男はダメ。親が甘やかしてるから。だから、寮生活か下宿の人ね。母親は専業主婦をやらせてくれる人じゃないとダメって考えだったから、そうなるとなかなかいないもんね。

でもね、会社で仕事をしている時に出会ったの、うちのパパと。『あっ、この人カッコいいな』って思ったの。京都大学を出たアメフトの選手でね、体格も良かった。この会社で働いているんだから、専業主婦の点も問題ないだろうと。私も好きだったけど相手のほうがもっと自分を好きになっちゃった。彼は当時、埼玉県の浦和に住んでいたんだけど、私が住んでいた高円寺まで毎日送ってくれたんです。うちの母は、『婚約もしてないうちはお食事はご一緒させませんので、ここで待っててください』なんて言うの。

だから、10月に出会って、その年の暮れには婚約して、翌年には結婚。今でいうスピード婚ね」

トントン拍子で愛を育んだ2人は、当然のことながら夜の生活も燃えた。

「新婚時代は朝2回、夜2回と一日4回よ。落ち着いてからもパパが病気をするまで一日1回。パパは毎日6時半に帰ってくる男だからね。土日もずっと家にいる。お酒は家では飲むけど外では飲まない。会社の仕事は会社のみ。会社の人を家に連れてきたこともない。徹底してたね。23歳で結婚して、パパが病気になる57歳まで毎日やってましたよ。本当にママ一筋。生理中もやるし、太いし、長くて、カリが大きいの。性欲も強かった。でも、そういう人ってなかなかいないね。最近じゃ、毛のない人がいるっていうでしょ。そういうのはイヤ。パパは胸毛もあるし、足の毛もある。毛のあるのが当たり前でしょ。でも35年間、毎日一日1回をやられてごらんなさい。自由な時間が全然ない、遊びに行くことすらできないわよ」（小笠原さん）

まさにおしどり夫婦の生活だった。だが、その生活は、夫が退職を迎える一歩手前で幕を下ろすことになった。

「すい臓がんでした。見つかった時にはもう手遅れ。ここにきてがんなの？と思いましたよ。でも、あの人の人生それでよかったなと思う。亡くなるまで1年2か月入院してたんだけど、私も一緒に病院に寝泊まりして、ずっと付き添って世話してきたの。看護婦さんは点滴したり、クスリを取り換えに来るだけで、あとは私が全部やって。四六時中一緒にいたしベッドは別だけど一緒に寝てましたね。だから亡くなった時も、やり切った感があった。だから、59歳でパパが亡くなった途端に、開放的になっちゃって。スナック遊びをしたのね」（同）

小笠原さんは、2年間毎日のようにスナック遊びをした。すると、常連だったお店から「店を閉めるからやってみないか」と声をかけられたのだ。その時は63歳。60歳を過ぎてからの社会人再デビューと起業である。35坪のフロアを８００万円かけて改装し、お店を開いた後、63歳から70歳まで7年間ママとしてカウンターに立ち続けた。

70歳でスナックを閉めた後は、知人の飲食店を手伝ったりしていたが、この店の常連客だった女性とは度々連絡を取っていたという。その女性から、ある日「ＡＶに出てみない？」と声をかけられたことがデビューするきっかけとなった。

「その常連さんから、3年くらいずっと誘われてたのよ。その子が『ママ、ＡＶ女優やらない？』って言ってきて。もちろん最初は『バカじゃないの、なんで私なんかが？』

『やるわけないじゃん、この歳で』と断りましたよ」（同）
しかしある日、撮影現場を見学することになった。
「断ればいいかと思ってね。スタジオに行ったんです。その時は、老人を介護する撮影をしていたんですよ。5、6人の男性がライトを浴びる中、ガッツリやっていて。こんなのやれないと思って、『私こんなのイヤだな。イケメンじゃないとイヤ』と言ったら、『イケメンだったらいいんですか？』と。そう解釈されてしまったんです」（同）

撮影にローションなんて要らない

そして、イケメンとの共演が決まり、『81歳のAV女優 小笠原裕子』が撮影された。世界最高齢AV女優の誕生である。撮影時にはスタジオまで自ら車を運転して出向いているという。現場のADに話を聞くと、作品内容に合う下着や衣装を何着も用意し、タオルや化粧品など必要なものは全て自分で準備してくるそうだ。プロ意識が高いのだ。

「この仕事をするからには、やっぱりちゃんとわかっていないと困るかなと思って、息子には言いましたね。娘は嫁いだわけだから関係ないけど、息子にはね。そしたら『ママが元気で長生きしてくれれば結構です。好きなことをしてくれ』と言われちゃいまして。根が真面目なんでしょうね。やると決めたら、ちゃんとしたいという気持ちも強いのかもしれないね。時々自分のＡＶを見て、どんなふうに自分を見せるといいのかと勉強することもあるわよ」（小笠原さん）

ＡＶに出演するとなると、濡れる、濡れないなどのあたりはどうなのだろうかと気になってくる。例えば、膣萎縮が起きていたら体への負担も大きいだろう。

「この仕事してると、女優さんが痛くて入らないって聞くことがあるんだけど、私は痛いなんて思ったことないの。ローションを入れて、ぬめりを出す人もいるんだってね。私は、全然必要ない。今もそうだけど、汁はいっぱいですよ（笑）」（同）

ＡＶに出たことで、経験したことのない性行為への挑戦も時にはある。

「『孫の筆おろし』という作品で、お風呂に入ってフェラをしたんだけど、その時、口の中に精子を出されたのね。初めての経験ですよ。『ああ、こういうことをパパにしてあげればよかったなぁ』と撮影中に思ったことが印象に残ってるね。フェラチオやバック、シックスナインはやってたけど、パパに言われる通りでしょ。だから、喜ばせ方っていうのを知らなかったね。『おちんちん大きいね』と言ったり、女性が上になったりとか、恥ずかしくてさ。みっともないなんて思っていたから、そっけなかったと思うね。でもね、仕事ではイッたことないのよ。急所を突いてこないというか。やっぱりパパとのセックスが一番だったね」(同)

自らが望んだことでなくても、目の前に差し出されたできごとには真摯に向き合い、真面目に取り組み、そして前向きに楽しむ姿を見て、こういう姿勢が若々しさにつながっているのだろうと感じた。だからだろうか、同年代の人とは全く話が合わないという。

「『ここのところ体の調子が悪くて』とか『免許返納したよ』とか、夢のない話ばかりなので面白くもなんともなくてさ。私はね、健康を自分で管理して、人の厄介になりたくないのね。大事なのは、悪くなる前に対処することね。私がしたいことは、自分が描く自分自身の像がちゃんとしているかってことなのかもしれませんね」(同)

ここ最近は新しいAVを撮影していないというが、アルバイトで働いているスナックではホステスとして立ち続けている。なんとも元気なおばあちゃんである。会うとエネルギーがもらえる、前向きになれるという小笠原さんファンのお客もたくさん来るのだろう。

小笠原さんがデビューしたのは「ルビー」というメーカーだが、ここも熟女作品を多く出している。小笠原さんは、夫が病気になってからＡＶデビューをするまでの間、14年間は性行為がなかった。しかし、それでも男優との性行為を行う際には、しっかりと濡れ、問題なくできたということだ。これはレアケースなのだろうか、それともＡＶの現場ではよくあることなのだろうか。「ルビー」の制作者に聞いた。

「つい最近、63歳の熟女さんを撮影したのですが、その方もすごく良く濡れていました。若い男優さんとからむ作品では、そこそこ激しい挿入があったり、騎乗位で動いたりもするんですけど、全然平気ですね」

一般的には更年期から閉経を機に愛液が出なくなったり、痛みを感じたりするようになるというが、撮影で不具合が起きることはないのだろうか。

「現場でいろんな話を聞いていると、閉経するくらいの年齢でそういう行為をやめてしまうと、一気になくなってしまうようなんです。でも、やり続けていると変わらないと言っていましたね。それに、セックスすることで肌艶も良くなるんだと思いますよ。やり続けていると、ホルモンが出るし、性欲もなくならない。だから健康なんじゃないかなと言っている女優さんもいましたね」（制作者）

濡れるというのはわかったが、イクという感覚もあるのだろうか。

「今までの現場ではいろんな方がいましたが、ずっと痙攣しながらイキ続けていた人がいましたね。すごく感度のいいおばあちゃんで、『大丈夫かな？　それこそ、このまんま逝っちゃうんじゃないかな？』と内心で心配していましたが、それがその方の普通のセックスだったみたいです。それに、性欲もあります。以前、事情があって、急きょ僕が出演することになったことがあったんです。その時に、お相手の63歳の女優さんに『次、僕が出ることになりました』と言ったら、『前から狙っていたのよ』と言われたんですが……見事、襲われましたね。冗談だと思っていたんですが、すごかったですよ。フェラするのも、自分からつっこんでいく感じで……」（同）

きちんと濡れ、そしてイクという感覚があり、当然性欲もある。そういう人だけがＡＶに出演しているのかもしれないが、老いた体に鞭打って、生活のために仕方なく出ているというものではないのだ。

熟女世代の女性にとっては、ＡＶ女優としてデビューし、ＡＶ作品に出演することは一つの挑戦になっている。新しいことにチャレンジし、前向きに取り組んでいく場所としてＡＶという舞台があるとも言えるだろう。

定年後に、かねてからファンだったＡＶメーカーでデビューした徳田重男さんというＡＶ男優もいるが、シニアモデルやシニア俳優と同じく昔からの夢を叶える場になることもあるかもしれない。

「熟女祭り」のパワフルなダンサーたち

〝熟女まつり〟というイベントが２０２３年10月、日曜日の昼下がりに行われた。テーマを「魅力的な熟女のパフォーマンスと交流を楽しむイベント」としており、パフォーマーは30～50代の熟れ頃女性ばかり。おのずと、客層も熟年世代だ。ボリュームゾーンは女性40代、男性は50代で、70代半ばの男性もちらほら。演目は、衣装を一枚一枚脱ぎながら客席を沸かせるバーレスクダンスを中心に、歌あり、パペット劇ありと多彩だ。

バーレスクダンスとは、セクシーな仕草や衣装で妖艶さを強調したダンスパフォーマンスで、時にはトップレスになることもある。キャバレーなどで行われてきたショーである。

同イベントを主催する一橋恵菜さんは言う。

「自分自身の結婚生活や育児経験、それからSNSで受けている相談から言えることですが、日本の女性……特に結婚した後の女性は、自分自身を抑えていたり、やりたいことを我慢したりしている人が多いと感じているんです。そんな女性が、結婚しても、いくつになっても、チャレンジできるきっかけになればとこのイベントを企画しました」

一橋さんは介護職に就く傍ら、ミドル世代からの生涯現役のサポートをする会員制リラクゼーションサロン「たま屋」を営んでいる。このサロンでは、男性はジャップカサイ（睾丸マッサージ）、女性はフェムケア（お膣ほぐし）の施術をし、心身を元気に導いている。

「介護の経験から認知症を予防するために、恋をするなどの強い感情とそれに伴うアクションって大切だと感じてします。『年がいもなく』『いい歳して』などと欲求を押し殺すのではなく、一度きりの人生ですから欲求に従って最後までひと花咲かせる気持ちで生きていけるといいですよね」（一橋さん）

イベントで中年女性が観客席の約半数を占めており、ダンサーの衣装であるTバックショーツやブラジャーの胸元にチップを挟んだり、レイを首にかけたりする姿は男性以上にパワフルだった。

バーレスクダンサーが衣装を一枚一枚脱いでいくシーンでは、その姿に「素敵!!」「カッコいい!!」との気持ちを拍手や歓声で表現していたのは、男性よりも女性に多く、中には感動して涙を流している女性もいた。

自分の体をありのままに見せて、お客を喜ばせようという活気溢れるショーは、ただ「セクシーで素敵」「エロくてリビドーがくすぐられる」というものではなく、生きるエネルギーとしてその場を循環していたように思う。現役のバーレスクダンサーでイベントの司会をしていたＬａｄｙ Ｎ＠Ｎ＠さんは言う。

「色気って何歳になっても増していくことができるし、ありのままの姿こそセクシーだと感じています。仕事上、いろいろな年齢の方に会うことが多いのですが、男性女性とも仕事で成功していたり人生を楽しんでいる方ほど、性欲が強い印象があります。強い遺伝子を残そうという生命力の強さと関係があるのかもしれませんね。逆に、性的な部分が元気なくなってしまうと、生き物としても弱くなってしまう部分もあるのでは？　ときめくことや、セクシーな気持ちになることを大切にして、人生を謳歌できるといいですよね」

イベントでは自身の乳がん発症を機にバーレスクダンサーに転向した女性も舞台に上

がっていた。バーレスクショーのあるお店は近年人気が定着しているが、セクシーな衣装で格好良く踊り、客席を沸かせるプロフェッショナルな姿が、男性だけでなく女性も惹きつけ、そして楽しめることが理由となっている。

ＬａｄｙＮ＠Ｎ＠さんが経営する「ＡｆｔｅｒＰａｒｔｙＴｏｋｙｏ」では、若いダンサーだけでなく熟女ダンサーも活躍しており、客として訪れる人も幅広い年代と性別であることが、舞台に立つ人の多様性を成り立たせている。需要があれば成り立つものは多々あるが、まだ掘り出せていない需要というものが、特に中高年以上の女性の娯楽面については、多いのではないだろうか。

「人間は歳を重ねていくごとに、歳を重ねてきたからこその余裕というものが備わってきます。以前、アメリカの有名バーレスクダンサーのディタ・フォン・ティースさんが、『年齢とともに、若い頃のパワー溢れる姿とは違った形のセクシーさが備わってきた』と言っていました。私自身、色気は何歳になっても増していくものだと思っています。実際、今回、育代ママのショーを見て、『奇跡の存在感とボディに衝撃を受けた』『こんなにきれいでいられるんだと希望を感じた』と感想を伝えてくれたお客さんが多くいました」（ＬａｄｙＮ＠Ｎ＠さん）

育代ママとは現在52歳になる近藤育代さんのことで、長野と川崎でクラブ「RITZ」を経営するママであり、現役のショーダンサーでもある。彼女は言う。

「熟女が好きな男性って思いのほか多いと感じます。男性もある程度歳を重ねてくると、ただ若くて可愛いよりも、酸いも甘いも知っている大人の女性に魅力を感じるのでしょうね。女性の生き様のようなものに惹きつけられ、そのパワーをもらいたくてやってくるという声も聞きますよ。私自身もパワーを受け取ってほしいという思いでステージに立っています。今、52歳なのですが、年齢のことを考えていなくて、今日より明日、可愛くありたい、きれいでありたいと、日々、自分と向き合って生きています。同時に、世の中の女性たちが女だから、母親だから、もう歳だからと諦めずに、やりたいことをやってみようかなという背中を押す存在になることができたら嬉しいと思っています」

近藤さんが営んでいるクラブでは、トップレスショーを行っており、彼女自身もトップレスになってショーに出ている。

「健康で長生きするためにもセクシーさや色気ってすごく大事だと思うんです。ですから、色気というものをいやらしいものだと日陰で扱うのではなく、もっとオープンに前面に出していけたら、世の中を明るくもできると思うんです。いつまでも色っぽくいた

いという女性が、一人でも多く増えたらいいですよね」（近藤さん）
このイベントのチケットは、ワンドリンク付きで４０００円だった。日曜の午後1時から行われ、夕方には解散。お値段も良心的、時間も健康的である。男性も女性も元気をもらえる、このようなイベントは今後、増えていくのではないだろうか。

フォロワー20万人の人気ユーチューバー育代ママが営むお店

熟女まつりでトリのダンサーを務めていた近藤さんが運営する２つの店舗のキャストの年齢は、長野店が20～42歳で平均年齢が20代後半、川崎店は24～41歳で平均年齢は30代前半とのこと。お客さんは、両店とも40～60代が多く、最高年齢はいずれも80代だということだ。

近藤さんのお店では、コロナ禍で20時までしか営業できなくなったのを機に、何か新しいサービスを作ろうということで、早い時間に手料理を振る舞うイベントを始めてみた。すると、高齢のお客さんが多く訪れるようになったと近藤さんは言う。

「2か月に1回、手料理を出すイベントをしているんですが、リーズナブルなお値段で女の子とゆっくりお話ができると、逆にお店のファンが増えたんです。20年以上やっていると、昔からのお客さんも歳をとってきてショーとかに疲れてきているというのがあるんでしょうね。この時間は、如実にお客さんの年齢層が上がって、男性は60代、女性は40〜50代が多くなります。２時間３０００円で、食事をして、お酒を飲んで、歌も歌えるので、足を運びやすいですよね。セクシーなお店で食事を出す店ってなかなかないでしょう!? こんな面倒くさいこと、私しかできないと思う（笑）」（同）

まさに高齢世代の居場所になっているのだ。店に行くとなれば、きちんと身だしなみを整えて、異性と会った時に恥ずかしくないようにしようという気持ちも働く。それは男性も女性も同じこと。「ＲＩＴＺ」には仕事を引退して隠居生活を送っている人も足を運ぶという。それは「話ができる」「元気が出る」「楽しい時間を過ごせる」など様々に得られるものがあるからだろう。

「いらっしゃるお客様は60代、70代でも皆さんとてもおしゃれで若々しいんです。お店に遊びに行くのだからと、身なりを整えていらっしゃるのですよね。それだけでも大きなことですよね。ですから、こちらも腰を悪くされて手術をされた常連さんには、専用の椅子を用意するなど配慮もしてきました。その方は結局、車椅子から杖になって、杖なしで歩けるようになり、回復されていきました。『店に行かれるようにリハビリを頑張るよ』なんて言ってくれるお客さんもいらっしゃいます」（同）

中でも思い出深いエピソードがあるという。

「会社を営んでいる長野店の常連さんだったのですが、60代になってからもずっと来ていたのにある時、突然来なくなってしまったんです。『どうしたのかな』と思っていたある日のこと、昼間に突然お土産のリンゴを持ってお店に来たんですよね。話を聞くと、食道がんになったと言うんです。『必ず治して復帰するから』と言っていたので、私も何度かお見舞いに行きました。残念ながら病気はよくならず、進行してしまったのですが、もう亡くなるかもしれないという時に、会社の従業員の方から連絡が来て、『ママに会いたい』と言っているということで会いに行ったんです。病状が進み、ほとんど喋れないのに『RITZ、満員御礼バンザーイ』なんて言ってくださって。『社長、頑張って！』と声をかけたのですが、その後、何時間かで亡くなってしまいました。亡くなる前に最後に会いたいと言ってくれて、最後の場所に呼ばれるなんて、すごいことだなと……。

うちの店を最後まで応援してくれて、女の子やスタッフも交代でお見舞いに行ったりしていました。通りすがりのただのお店というのではなく、本当に家族愛というか、心のつながりがあったのだなと思います」（同）

そのような〝家族愛〟のあるお客は、どう呼ぶとふさわしいのだろうか。ただのお客ではないけれど、恋人でもないし、友人でもない。それでも深いつながりがある。

「ともに生きてきた戦友という感じなのかな。『最近、男性機能が～』なんて性の相談を受けることもよくあるのですが、『他の人にはこんなこと相談できないけれど、育代ママならできる』と言われるんですよね。友達でもないし先生でもないし、女房でもない、男と女でもない、でも深い関係なんですよね。愛があるといっても、その愛の種類が、恋愛よりも深い感じがする。この人にもっと幸せになってもらいたいという嫉妬心のない愛があります。私はお客さんによく『私はあなたの第二夫人よ。うちの女の子は娘だからね、よろしくね』なんて言っていますが、なんでも話せちゃうお母ちゃん的な存在……やっぱりママなのかな」（同）

セクシーで色っぽい場で、友愛に近い関係が育まれる。それは近藤さんの店だからできることではあるが、だからといって唯一無二なわけではない。

きっと、居心地の良いサードプレイスとでもいうような高齢者ウェルカムのお店が、日本各地にあるはずだ。

全国のストリップ劇場を行脚する80代の元教授

ストリップ劇場ができたのは１９４７年だとされている。それから75年、全盛期には日本全国で２５０軒もの劇場があったと言われているが、現在ではわずか18軒となっている。56年前、京都にある「ＤＸ東寺」という劇場で生まれた元祖〝ストリップ芸人〟の松本格子戸さんは次のように話す。

「全国で18軒あるストリップ劇場のうち、例えば『わらびミニ劇場』は火事になった後、改装のため休業しています。また、３軒は熱海など温泉場の劇場ですから夕方からの開演で、１～２人の踊り子だけで回しているというのが現状。踊り子さんが５～６人いて、昼から夜まで5～6香盤あるような劇場は、もう14軒しか残っていません」

ストリップ劇場は客層の高年齢化が進んでいる。実際、多いのは50～70代で、大学生や20代など若い時にストリップを初めて見て、楽しいなとファンになった人がそのまま歳をとって、今も劇場に足を運び続けている状況だという。

「新規の若い方のお客さんは少ないです。一方、踊り子さんは若い子も出るわけで、『孫を見てるみたいだ』なんてお客さんは言っていますよ。ストリップは、安く、手軽に楽しめる娯楽です。朝の11時くらいに開いた後は、最後の香盤が終わる夜の11時くらいまでずっといる方もたくさんいますよ。仕事はどうしてるのか、年金をもらっているのか、プライベートなことはよくわかりませんが。生活保護を受けている感じの方もお見えになりますね」（松本さん）

いくつかストリップ劇場の料金を紹介したい。例えば、神奈川県・大和市にある「大和ミュージック劇場」は開場が10時半で終演が22時半。一般料金（13時以降）５０００円に対して、シルバー料金は証明書提示で３５００円だ。岐阜にある「まさご座」は、開場が12時で終演が22時50分。一般料金（13時以降）５０００円に対して、シルバー料金は証明書提示で４０００円だ。

いずれも好きな時に入場し、好きな時に帰ることができ、出入りは自由だ。つまり朝早くに劇場に入った後、一公演見てランチをしに出かけ、戻ってきたらまた鑑賞し、再び夕食を食べに出た後に、また戻ってくるということもできるのだ。

「高齢のお客さんはやはり多いですね。シルバー割引があるんで。日によっては８割くらいが高齢者の場合もありますよ。やっぱり年金支給のある週はおじいちゃんたちが多いですよ。だから、年金支給日がある真ん中の週は、踊り子さんもいいメンバーを揃えたりしていますよ。でもね、おじいちゃんたちはせいぜい2回も見たら帰ってしまうことが多いですね。疲れちゃうから、帰って寝ちゃう（笑）。身寄りのない方もいらっしゃるでしょうし、奥さんに内緒で来ている方もいるのかな。隠れた楽しみ、趣味の範疇といった感じで、罪がなくていいですよね」（同）

ロビーは常連同士の交流の場になっているという。

「ロビーでしてる話は、もう病気の話ばかり（笑）。心臓がどうのとか、シモのほうがどうのとか。どこの総合病院は先生が良くて、ここの病院は良くないと、病院の待合室みたい。ちょっと若い僕らも、数年後にはこんな感じかって話をすることが多いですね。これまで会ったお客様では102歳が最高齢。今はもうない名古屋の劇場にいらしていた方でした。声楽をやっていた方で、オペラみたいな歌を歌っていました。気持ちが若いんですよね」（同）

残念ながら劇場が先になくなってしまい、縁がなくなってしまったという。また、こんなすごいおじいちゃんもいるそうだ。

「最近89歳で亡くなった〝E塚のお父さん〟という方がいたんです。ＳＭ興行から何から何までイベントをチェックして、カレンダーに書いて、全部の劇場に行っているような熱烈なストリップファンの方でした。全国、津々浦々の劇場を行脚していました。大阪まで夜行バスで来て、１回目と２回目は『晃生ショー劇場』で見る。そのまま京都に移動して夕方からＤＸ東寺劇場で見終わったら、京都から夜行バスでその日のうちに東京に帰って、その足で埼玉の蕨にある劇場に行っちゃう。正月に岐阜のまさご座に来たこともありましたよ。正月の岐阜なんかほんとに寒い。でも裸足でサンダルなんですよ。めちゃくちゃ元気。僕のイベントにも全部来てくれていました」（同）

まるでワーカホリックな仕事人のようなバイタリティで、ストリップを楽しんでいたというのだ。

「もともと、有名大学の教授だったと聞いています。でも、エロが大好きでね。ド変態なんです。スカトロ大会とかも全部、来てましたから」（同）

だが、このE塚さん、一体どのようにして劇場のスケジュールを把握していたのだろうか。高齢者ともなるとネットを使えない人が少なくない。イベント情報をＳＮＳで知るというようなことはできないのだ。

その答えは劇場にある。劇場の受付などには様々なチラシが置いてあることに気づく。ポスターも貼ってある。それがイベントや香盤を知る手段なのだ。

「僕、最後まで文通をしてたんですよ、ハガキで。パソコンもないし、携帯持ってないし。だから、ハガキが来るんですよ。『今度のSMファン感謝祭に行かせていただきます』って。こちらも『了解いたしました。お待ちしておりますね』ってハガキを出すんです。『このイベントに行きますね』っていうだけの連絡が、往復で3日ぐらいかかるわけです。LINEで既読になったのに返事がないとか、そういうのがない。ここまでくるとイライラしないいんですね」（同）

みんなから愛されて逝ったストリップ業界の心友

ストリップのイベントを楽しみにして電車を乗り継ぎ、足を運ぶ。朝、開場と同時に入場すると、その日一日、劇場で過ごすという。松本さんは続ける。

「いつもスーパーの袋に、みかんとかチェルシーとかココアシガレットとか入れて踊り子さんに渡すの。食事時には劇場の中で弁当を食べてるんですよ。スカトロショー見ながらも食べてんだから、すごいなって(笑)。達観してますよ。以前、フリートーク中にＥ塚さんに『歳とっても元気の秘訣は？』なんて振ったら、『あー、やっぱり、アソコから出る汁がいいですな。それが若返るエキスですね』とか言うんです。開場のお客さんはみんな大爆笑。『お父さん、僕よりウケること言ったらあかんで。僕、一応、芸人やから』って言ったら『失礼しました』なんて言うの。可愛いでしょ」(同)

ちなみに妻はすでに亡くなっているそうで、「奥さんとはいつまでヤってたの？」と松本さんが聞いたところ、70歳過ぎになる最後までしていたそうだ。

「『濡れるの？』って聞いたら『うん。女ですよ。でも勃たないから、口でイカせてました』って言ってましたね。そんなＥ塚さんはね、踊り子さんのアソコを見て、手を合わせて拝むんですよ。こっちは『お父さん、ここ、お墓じゃないから』ってツッコむしかありません。生きがいなんでしょうね。ここまで来ると」(同)

常連さんの中でも、ひときわ目立つ常連さんだった。

「本当に可愛いお年寄りで、ああいうおじいちゃんになりたいなって思いました。みんなから好かれていましたね。女の子からも従業員からも、お客さんからも。だから、毎年５月の誕生日には、池袋の『ミカド劇場』の舞台に立ってＥ塚のお父さんが人生論みたいなことを30分にわたって喋るってコーナーがあったんです。最高齢の現役ファンだから、お客さんたちも喜んでそれを聞く。本当に愛されていましたね」(同)

ところが、ある日のこと。ハガキを出したところ、返事が返ってこなかった。その時に、「あれ? もしかしたら……」と嫌な予感がしたという。でも、親戚でもないし、友人でもない。住んでいるところは知っているけれど、果たして訪ねてもいいのかと松本さんは悩んだという。そしてある日、E塚さんが暮らしている高齢者用のマンションに足を運んだ。

「案の定でした。大往生ですねって。5月のゴールデンウィークに池袋の劇場で90歳の卒寿のお祝いをやる予定だったんです。だから、追悼の演目をしましたよ。まあ、伝説の人ですね」(同)

E塚さんを慕っていた踊り子さんたちが計画を立てて、実際に着ていた服を遺族から借り、E塚さんになりきった舞台を行ったのだという。

「みんなに好かれて死んだんだから、もう思い残すこともないんじゃないですか。前に『お父さん死なないよね、絶対100歳になっても普通に来てるでしょ。100歳の誕生日も池袋のミカド劇場で過ごすんでしょ。死なないでね』って言ったことがある。でも、その数か月後に死んじゃった。多分ポックリと逝ったのでしょうね。年寄りとしては最高の死に方じゃないですか。死んだことをわかってないんじゃないかって、みんなで今でも言ってんの」（同）

Ｅ塚さんは仕事を引退して徐々に世間が狭くなっていき、妻を亡くし、そして友人たちを死や病気で失っていく中で、ストリップ劇場はかけがえのない居場所になっていたのだろう。ストリップが好きというのもあっただろうが、そこで出会える人、繰り広げられる会話に楽しみを見いだし、生きるエネルギーになっていたのだと松本さんの語る生き生きとしたエピソードから想像させられる。

Ｅ塚さんと踊り子、従業員、お客との間には、「友達のような、親戚のような、パートナーのような関係」が築かれていたのではないか。そう思い、松本さんに聞いてみた。

「一言で表すなら、Ｅ塚さんとはどんな関係ですか？」と。

それに対し、松本さんはしばらく考えてこう答えた。

「心友、じゃないですかね。心でつながった友です」と。

「ストリップっていろんな人が来るんですよね。江利チエミと雪村いづみを足して２で割ったような上品な老婦人が一人で足を運んでくることもありましたし、仕事を引退した女装子ちゃんもいましたよ。おじいちゃんもおばあちゃんも女装子もなんでもかんでも受け入れるのがストリップ劇場。地位も名誉も関係ない。大学の教授もお医者さんも、泣けなしのお金で来ているような酔っ払いのおじいちゃんも、みんなが一緒になって楽しめる空間。90歳のおじいちゃんと、60歳の女装子ちゃんが隣同士になって、なんか喋りながら見てる。それがすごくいいところで、楽しいところです」(同)

近年、よく使われる「ＱＯＬ」という言葉は、往々にして社会的に正しいことや清いことをすることで、生活の向上を目指すという意味で使われがちだ。けれども、本来のＱＯＬは１００人いれば１００通りあり、誰かから「これが正しい生活の質の向上の方法だ」と押し付けられたりするものではない。自分自身がそれを決め、その人らしい人生になるよう楽しむことが大切なのだ。

ストリップを愛し、そしてストリップからも愛されたE塚さんの人生のＱＯＬは高かったに違いない。そして幸せな死を迎えたのではないだろうか。自分らしい死の前には、自分らしい人生があったはずだ。

第5章　性欲と向き合う社会へ

障害者への「性機能がないから性欲もないだろう」という偏見

性欲がない人として扱われる――それは、その欲から生まれる願いや夢を「ないもの」として扱われることと同じだ。欲望がコントロールできないくらいに過度に膨れ上がってしまうことは自分を滅ぼしかねないことだが、だからこそ、ささやかな欲を火種として、日常生活に温かな幸せを灯したい。

しかし、性欲という部分については、金銭を介してその小さな幸せを得ようとすると、非難を浴びることもある。

特に近年では、政治的思想を持つメディアや個人のSNSなどでは、性の仕事に就く女性たちは、貧困など社会的な側面や他者からの強制により、本人が望んでいないのにそこで働かせられているとして扱われがちだ。だが、そこで働く女性は自己決定権を持たない、福祉や社会制度等で救わなければならない悲劇の存在であるという見方は、偏見を助長させた一面的な見方である。

高齢者と性の娯楽やサービス産業の関係という取材を通して見えてきたことは、ユーザーと提供側の間には、「愛方」と言うべき信頼や友情や愛といった感情を礎にした関係を構築することができるということだ。また、同時に、性的弱者にとって、その仕事は小さな幸せを得るためにとても必要で、社会を広げる一つのツールにもなっているということだ。

この関係性は、プロとしての技術や知識を提供する医師と患者、スポーツトレーナーとアスリート、コンサルタントと事業主にも似ている。

性的なコミュニケーションを取ることが難しく、また性欲がない人として扱われるのは、障害者にも当てはまる。この章では障害者の性欲や性生活を知るとともに、すべての人が人として生きる上で、性とどのように向き合っていくといいのだろうか、ということを一緒に考えていきたい。

「お客様の中に『障害者は聖人君子のように見られているんです。性欲がないと思われているんですよね』と話した人がいます。こういった声はよく聞きます」

このように話してくれたのは、「障がい者専門風俗デリバリーヘルス」を看板に掲げる「ハートライフ」で働く貴美子さん（33歳）だ。

本業は看護職で、生活のために副業としてハートライフに勤め始めてから7年になる。華奢な体と清楚な雰囲気の女性で、普段は夫と子供たちと暮らしている。職業柄か、小さなお子さんがいるためか、ゆっくりと優しく話す口調がとても心地よい。

同店のホームページを見ると、「障害という個性を持つあなただけが特別に味わえる至高の快楽」「障がい者との意識のバリアフリーを目指します」などのキャッチコピーが並ぶ。お客に向けた利用に際するメッセージを紹介したい。

〈食欲、睡眠欲と同じように性欲は、全ての人間に等しくあります。しかし、障がい者においての性的欲求は無視されているのが現実です。

皆様に心の癒される時間を作ってあげたい。

生きる喜びの1つにしてほしい。

ハートライフでは、全ての人々が性的な喜びを平等に楽しむ権利を尊重し、障がい者の方専用の心と体のケアが出来る風俗店として、女の子と一緒に過ごせるデリヘル（デリバリーヘルス）サービスを提供しています。

女の子とデートしたり、お話したり、抱き合ったりなど、健常者が当たり前に解消で

きる欲求のお手伝いをさせて頂きます〉

身体障害者の7割以上は高齢者

コースは３つ用意されており、デートを楽しむ「なごみコース」は60分1万円、着衣でのハグなど軽いスキンシップとマスターベーションのお手伝いの「ふれあいコース」は60分1万３０００円、裸になった女性とイチャイチャとした時間を楽しめるデリヘルコースは60分1万８０００円というきめ細かさである。同店の店長は言う。

「利用者は脊椎損傷など車椅子を使っている方が割合として多く、全盲の方やパーキンソン病で体がほとんど動かないなど様々な人がいます。障害が重度になるほど、自宅や施設など生活の中に入れてもらうことが多く、ラブホテルを利用するのは車椅子利用者など障害の軽い人ですね。施設で暮らしている場合は、『友達という設定で来てほしい。いかにも風俗嬢というファッションではなく、普通の女性らしい格好でお願いしたい』というリクエストがあったりしますよ」

現在、日本には身体障害者（身体障害児を含む）は４３６万人、知的障害者（知的障害児を含む）は108・2万人、精神障害者392・4万人で、総数は936・6万人である。これは日本の人口の約7・4％にあたる。しかも、65歳以上の身体障害者の割合は74％にもなる（2018年、厚生労働省）。

それに対して、障害者専用を掲げる風俗店は日本で20店舗あるかどうかだ。全障害者の半数を男性だと仮定し、その8割が18歳以上とするなら、約375万人いることになる。既存の障害者専用風俗店だけでは対応できない市場規模である。もちろん障害者の中には専用を謳っていないお店に足を運べる人もいるだろう。けれども、障害者に対応できるスキルや配慮をもったキャストを必要とする障害者もいるはずで、そう考えると確かに障害者の性的欲求は無視されていると言っていい状況だ。

「『そういう話をすると嫌がられる。同じ男性同士なのに気持ち悪がられるから辛い』『お前は性欲がないからいいよな……みたいに言われる』『性欲がないと思われているから、こちらから話題に出すことが憚られる』とおっしゃったお客様もいます」（貴美子さん）

障害の内容によっては、風俗店を利用することに不向きなこともあるだろう。けれども「性欲をどうしたらいいのか」と悩む当事者や家族に寄り添い、解決を探ってくれる存在自体が今はないに等しい。

　実際、障害児を持つ親に状況を聞いたところ、「父母の会などで子供の性について話題が出ることもあるが、具体的な解決方法をきちんと教えてもらえることはない。雑談の一つとして話題に上がり、解決のないままその話題が締めくくられる」とのことだった。悩みを相談する公的窓口さえない状況なのだ。

「お客様は恋人や配偶者がいらっしゃらないから利用しているという方が多いです。出会う機会すらないとお話しする人もいますね。『障害が重度になればなるほど諦めなければならないことが腐るほどある。いろんなことを我慢するのではなく、諦めることで折り合いをつけている』と話してくださった人もいました。諦めてきたことを繰り返してきているから、最初から望まなくなるんだ……とのことで、それを聞いた時には、重い空気になりましたね」（同）

　日常的に会う異性であるヘルパーや支援員に対しては「そういう目で見てはいけない」と固く誓い、感情を押し殺している人が多いという。

「性機能がないのだから性欲もないだろう」という健常者の勝手な思い込みにより、性欲がない存在として扱われることもある。健常者の示す「これが当たり前」「これが普通」という態度は、時に暴力的だ。冷たい隔たりを前にして、〝性〟という人に打ち明けづらい部分を、細やかに丁寧に説明することができる人は、一体どれだけいるだろう。

「私自身、最初の頃はうまく対応できないこともありました。お客様自体は射精することにこだわっていないのに、私がそのように思い込んで進めてしまったり……。射精できなかった時に私が申し訳なく思っていると、『そこは気にしなくていいんだよ』と言ってくれることもありました。お店を見つけた時に、すごい嬉しかったと話してくれた人もいました。直接言葉でそのように伝えられなくても、一緒にいる時間の中での言動から、お店を利用することの嬉しさを感じています。射精したり、性欲を満足させたりすること以上に、お客様は話し相手を求めているんですよね。性的なことを話すだけでなく、『障害者雇用ってあるけれど、嫌がられているのも事実だよね』というような障害者としての愚痴や不満を話すこともよくあります。何かしら自分の気持ちを出すことを求めていると思います」（同）

このような心と体の触れ合いによる細やかなコミュニケーションにより、利用者は孤独を癒やし、心を開いていく。キャストがお客に対してしていることは、まさに、心と体を使った傾聴だと言えるのではないだろうか。

また、同店で働くアユさん（25歳）も次のように話す。彼女は学生時代からハートライフで働いているのだが、専門学校を卒業した後は介護士として施設に勤務しており、現在は副業でキャストをしている。

「障害のある方の中には、風俗を必要としている潜在層がかなり多くいると思います。もっと気軽に、風俗に行きたいと言えたり、お医者さんや看護師さんやヘルパーさんといった周りの人たちが、障害者専門風俗の存在を教えたりできるようになったほうがいいと感じます。例えば施設などで、介護士さんの体を触るといった入居者さんからのセクハラが問題になると耳にしますが、その要因の一つに、性の問題をタブー視し、その欲求を抑え込んでしまうことがあるように感じます」

入居している施設が個室ではない場合は、マスターベーションも自由にできない。個人の性生活を守るには、プライベートな空間も必要だ。AVを見たり、エッチな漫画を読んだりするのも、人目があると難しい。

「デリヘルなどを呼んで利用できる環境などがあってもよいのではないかと思います。大部屋だとさすがに難しいと思うので、専用の小部屋を用意する感じになるのでしょうが……。障害のある方は恋愛経験がないという人も多くいらっしゃいます。私が伺うお客様の中には、結婚をされている方、恋人のいる方はほとんどいません。割合で言ったら1割にも満たないほどです。一方でうちの店を利用して、生まれて初めて女性とちゃんと話したという方も少なくありません。『もし、自分に彼女がいたらこんな感じかな?』という体験を求めに来ているのですよね。特に、途中から障害者になった方は、人生に希望がなくなって、生きることに絶望していると言われる方が多いように感じます。そういった方に言われるのが、うちの店を知って生きがいになったということです。『次に利用するまでの生きる目的になったよ』と言われることもあります」(アユさん)

性欲は食欲や睡眠欲と違い、生きることに直結していないと思われている。そのために後回しにして考えられがちだ。けれども、やはり生きることに直結しているのだ。

日本初の障害者専用の女性用風俗が誕生した経緯

男性用の障害者専用風俗については、2010年から「はんどめいど倶楽部」があったのに対し、女性用の障害者専用風俗は何年も見かけたことがなかった。ところが、女性用風俗の急増の影響もあるのだろうか、2023年2月に「TiME」というお店が立ち上がった。筆者が調べたところ、もう1店舗存在するようだ。

ＴｉＭＥでオーナーセラピストとして働く二ノ宮和也さんに話を聞いた。

「障害者用女性風俗を作る前に、障害者施設を対象に性に関するアンケートを依頼しようとしたら、全部門前払いでした。管理者がこれじゃいけないなと感じましたね。結局アンケートはできなくて、知人を介して現場の方たちに直接話を聞いたのですが、僕の考えていることは間違ってないなと思えたので、お店を立ち上げました」

同店が開業して1年になる。反響はどうなのだろうか。

「現在すでに約60人のお客様がいらっしゃいます。身体に障害のある方が4割、精神障害者と知的障害者が6割です。身体障害の中は、目が見えない方や耳が聞こえない方も何名かいらっしゃいます。うちのお店は、障害者手帳か診断書を持ってる方が対象ではあるのですが、世の中にはグレーゾーンの人も大勢います。その場合、いったんカウンセリングをしていただいて、お受けできるかどうかを判断しています。僕自身、福祉的な資格を持っていたり、介護の経験があったりするわけではありません。そのため、障害全般に関しては提携の介護福祉士などから教えてもらい、勉強をしながら実践をしています。今後、障害者と呼ばれている方からのご要望があれば、それに広くお応えでき

る方向を目指しています」(二ノ宮さん)

同店を利用する客層は、20代が最も多く、次いで40代、30代だという。総数として最も多いのは40代以上とのことだ。だが一般の女性用風俗と違い、全ての年齢層でリピートがされると言い、需要の多さを感じる。

同店では、カウンセリングが1時間6000円、性に関するお悩み相談が2時間8000円、デートコースが2時間1万円、性感マッサージが2時間1万5000円である。事前予約や学割など各種割引制度もあり風俗としては手が届きやすい。

また、相手の障害の状態を正しく把握し、きちんと望みに対応できるコースを組み立てられるよう、事前にじっくりと話を聞く時間を取っている。本人はもちろん、時には親や介護者からも話を聞くことがあるという。

「生まれた瞬間に親が諦めているという話をよく聞くんです。でも、それって変な話ですよね。性欲はあって当然。その部分を隠しているから変な方向にいってしまう。完全にオープンにしろというわけではないけれど、きちんと学べるように性教育が必要だと思っています。障害を理由に人を好きになってはいけない、性欲を持ってはいけない、エロいことをしてはいけないというのではなく、障害を理由に諦める必要がないことを知ってほしいですね。そういったことを経験して知るための一つのツールとして、我々がいてもよいのではないかと思っています」（同）
　利用者からは「生理のことでも相談する相手がいない」「性のことは誰も教えてくれないし、施設の利用者同士でも悩みを共有できない」「自分が困っていることを、みんなはどうしているのか知りたい」という声があったという。
「自分の困りごとを発信できる場所、話せる場所、知る場所……そんな居場所が必要なのでしょうね。そういう場所があれば、もっと自信を持ったり、もっと人生を楽しんだりできるようになるのではないかと思っています」（同）
　その居場所の一つとして、ＴｉＭＥが担っていく部分もあるのだろう。だが、風俗となると、現実では「ハードルが高い」「罪悪感」「後ろめたさ」などネガティブな感覚を持ってしまう人もいる。そのために、もっと気軽に、フットワーク軽く、同店を利用してほしいと二ノ宮さんは言う。
「身体障害のある方の場合、性感マッサージや普通のマッサージをする際にどこまで体が動くのかは大切なポイントです。カウンセリングの中で可動域を確かめると同時に、どんなことを叶えたいかも確認します。最初は『性に興味がある』『性行為ってしたことないし、してみたい』といった要望が多いのですが、施術をする中で、『キスしてほしい』『おっぱいを舐めてほしい』『ずっとクンニしてほしい』などの具体的な要望が出てくるようになります。でも、その要望は想像の世界なんです。だから、そのまま行うのではなく、希望されていることの行為を徐々にしながら、その他のこともしてみて、本人にとって何が本当に気持ちいいのかわかるようにしていくことが大事だと思っています。僕自身が『セックス＝性行為』とは思っていなくて、いかに愛情を持って、優しく、包み込みながら扱ってくれるかということを大事にしていて、それを利用者さんが知ってくれればと思っています」（同）

こういった接客の時間を持つうちに、性的な健康をケアするような施術を作り出すことができたそうだ。

「濡れにくいなどの膣の悩みを解消する、生理痛を軽減するといった子宮や骨盤のケアができる施術です。利用するのがエロ目的ではなくて、整体に通うようなケアの方向だと通いやすくなるのかなと思うんです。エロいことをすると心も体もスッキリするでしょう？　デトックスとか心身のケアというような〝言い訳〟をいっぱい作ってあげると使いやすくなるのかなと考えたりしています。少し年配の方には、『言えなかったことが取り上げられるようになったことはありがたい』と言う方もいました。人知れず悩んでいらっしゃる方が多かったんだなと感じますね」（同）

その悩みや願いや欲望がないものとして扱われる……それは、その人の一部がないものとして扱われるということでもある。「障害者だから」とその悩みや願いや欲望を表に出してはいけないというのは、もはや人権侵害だ。

無視され続けてきた人の声を、どうにかして聞こえるものにしていかなければならないのではないだろうか。

福祉にはできない、風俗だから叶えられる願い

第３章で紹介した、「はんどめいど倶楽部」の取り組みについて再び紹介したい。障害者の性については、同店がオープンした当初は、障害者が〝性を楽しめる〟お店は皆無に等しかった。ネットも普及しておらず、障害者向けの風俗はあるという情報は耳にしたことがあるのだが、それが一体どこにあるのか、どのようにしたら利用できるのかというところに辿り着くのは非常に難しいものだった。

2004年に『セックスボランティア』（河合香織著／新潮社）という本が出版されて話題となり、2008年には「ホワイトハンズ」という障害者の性介助を行う団体が立ち上がったが、〝性欲の解消〟を目的としており、性を楽しむために利用するという方向ではないものだった。

けれども、人は人生を楽しみたいし、幸せになりたいし、心を温かいもので満たしたいものなのだと筆者は思う。恋愛気分になってドキドキとしたり、裸で抱きしめられてうっとりとしたり、お互いの気持ちいい場所を愛撫して快感の時間を過ごしたり……それは生きていく中で、望んだら得られるものであってほしい。もし、金銭を介してそれを得ることができるのなら、後ろめたさや罪悪感を感じることなく、「ああ、楽しかった。いいお金の使い方をした」と満足したい。

いわば、欠けていることを補完する足し算の発想ではなく、娯楽やサービスとは、欠けている部分があったとしても、それはそれとしてさておき、久々に大笑いするほど楽しかった、夢のようなひと時だった、心が満たされて幸せな気持ちになった……というプラスの何かが得られるものではないかと思うのだ。そして、それを叶えられるものの一つとして性の娯楽やサービス産業もあると思っている。

はんどめいど倶楽部の利用者は、障害者の中でもＡＬＳや首から下が動かない脊椎損傷など重度の障害のある人が多い。それは代表のショウさんが長年介護の仕事に就いてきたため、ベッドへの移動や入浴といった専門的な技術や知識がないとできない介助を、キャストがプレイする合間にサポートできるという部分が大きい。

オープン当初と比べ、障害者の性生活や性欲についてどのような変化があったのだろうか。ショウさんは言う

「大きくは変化してないですね。でも、少しずつ市民権を得ている感触はあります。ＳＮＳやＹｏｕＴｕｂｅで自分の性の事情を発信する障害者も増えていることが理由として挙げられるでしょう。お客さんの人数も増えてきていますね。僕たちも、デリヘル業務の中で改めて知ることもありました。例えば、脊椎損傷のお客さんたちには、射精はしないがイクという感覚があるという人たちがいるんですね。ある人は、脳内射精と名付けていました。そういうことも一般的には知られていない。一方で、結婚や恋愛を諦めている障害者はとても多いです。重度障害者の場合、全体の８割は完全に諦めていますよ。出会いがない、自信がない、でも風俗だけじゃ物足りない。だから、プライベートで女性と触れ合いたいと恋愛に夢を持っています」

その夢を叶えるために、それでも風俗を利用することもある。

人生最後の思い出に風俗嬢とディズニーシーに行きたい

「余命宣告をされると、お金に糸目をつけなくなります」（ショウさん）

はんどめいど倶楽部の場合、デートコースは60分6000円、デリヘルコースは60分1万3000円だ。

「デリヘルコースで旅行に行ったこともありましたし、非常に遠方から呼ばれてご自宅に伺ったこともありました。その時は、コース代が2万5000円なのに私とキャストの往復の交通費が15万円です。離島に住んでいる筋ジストロフィーのお客さんでした。バリアフリー設備がない島なので、島から出ることすらできない。生涯の思い出作りに呼ばれました」（同）

ホテルミラコスタのスイートに泊まって、ディズニーシーに行きたいというALS患者の夢を叶えたこともある。コースの他、宿泊費や入園料などを含め、お会計は1泊で45万円にもなったという。

「『これですってんてんになりましたが、これをやらずに死ねないので』とおっしゃっていましたね。人生をなげうってお金を使っている、それだけの思いをかけているんですよね。九州から家族全員で東京に来たのですが、こちらで引き渡しを受けました。最初で最後だから、家族にカミングアウトして、オープンにしてきたのだろうと思いますよ。それだけの思いを持って来てくれたわけですから、楽しませなきゃという使命感をものすごく感じました」（同）

このようなお客さんは１人や２人だけではない。２０２３年だけで10都道府県を回ったという。

「高齢や重い障害で依頼されるお客さんの場合、その後、亡くなってしまう場合が多いんです。入っていた予約が亡くなってキャンセルされるなどといったこともあります。遺族の方や看護師さんから『遺品整理をしてメールを見たら、予約を入れていたことがわかりまして……』と連絡が来ることもありますね。こういった場合は、キャストの女の子への伝え方が難しいです。女の子は、お客さんに気持ちが入ってしまうからショックを受けてしまうんです。受け止めきれない子もいるので、亡くなった場合は、キャストの性格によって伝えたり伝えなかったりの判断をしています」（同）

自分の人生をやりきるために、思い残すことがないように、風俗を使う。そういう選択肢もあるのだ。

「福祉でできる範囲のものではありません。今の福祉ではコンプライアンスがどうとか、くだらない規制があるじゃないですか。それではそこにある本人の夢を叶えてあげることができないんですよ」(同)

風俗というお店だからこそ実現できること、そしてお客が得られる喜びがあるのだ。

高齢者施設で働く人たちが考える性のあり方とは

前章で熟女まつりの主催者として紹介した一橋さんは、今でも現役の介護福祉士である。介護の仕事の現場では、性欲を持て余した高齢者が介護士にセクハラをしてしまうケースも見聞きするという。

「男性は、『キャッ』って言ってくれる若い女性を選んでセクハラをすることが多いですね。男性器を出して『ほら、俺はまだ元気なんだぞ』という感じでしごいて見せつけてくる男性もいました。実際は、勃っていないんですけどね。反対に高齢女性が若い男性介護士にセクハラする場合は、認知症になって性欲が蘇ってきて、自分が抑えられなくなってというケースが多いですね。触ってきたり、手を取って触らせたりするんです。男性も女性も共通するのが、若い頃に抑え込んでいたものが出てきてしまっている感じがありますね」

男女で比較するものではないが、敢えていえば高齢者女性のほうがより困難な問題を抱えている。それは社会に根強く残る女性性の押し付けが理由として一つある。

「男性の場合、高齢者専門風俗とかもありますが、高齢の女性は女性用風俗にもほとんど辿り着くことがありません。それには様々な理由があると思います。社会的にも性の娯楽やサービスは、男性の性にフォーカスされています。もともと社会は男性の性に対してのほうがおおらかです。実際、風俗を利用した経験がある男性は約半数いるのに、女性の場合は4％だという統計を見たことがあります。日本社会には、夫以外の人と肌を重ねたら犯罪みたいな考え方があり、いまだにそれは根強いですよね」（一橋さん）

男女雇用機会均等法が成立したのは1985年。それから約40年も経つというのに、日本の男女の賃金格差はなかなか埋まらない。経済協力開発機構（OECD）の調査（2021年）によると、男性賃金の中央値を100とした場合、女性は77・9で、22・

1ポイントの差がある。ＯＥＣＤ平均の男女差11・9ポイントの約2倍で、Ｇ7の中で最も格差が大きい。

この収入の格差も、女性が自分の性欲に忠実になれないことに影響しているだろう。自由になるお金がない、もしくは少ないために、自分が望んでいる娯楽やサービスを受け取ることができない。つまり自分の願望に対して、自由になることができないのだ。

「女性は、認知症にでもなって判断能力をなくした人は別として、ほとんどの人が自分の性というものを封印したまま亡くなっていきます。それはすごく切ないことだと思います。性を楽しんでいる女性といえば富裕層のマダムぐらい。自分の若さを保つためにも、若い男性との触れ合いを求めるのだという話を聞いたことがあります。でも、一般の女性はそういうわけにはいきません。長年、世間体や自分自身の倫理観とのせめぎ合いの中で、欲望に蓋をして封印して生きているんですよね」（同）

筆者の周りの中高年の女性たちを見ても、結婚していてもしていなくても、セックスレスになっており、しかしパートナー以外にセックスの相手を求めることには躊躇があり、欲求不満を溜めてしまっている女性は多い。離婚した途端、性的に弾けてしまうのはそれまでに溜め込んでいた欲求不満の裏返しだろう。

女性が自分自身の性を謳歌できないという現状の根底には社会や世間の価値観から外れたくないという強い固定観念もあるだろう。きっかけがなく、また理解者もいない中で、自らの力だけで抜け出すのは難しいのかもしれない。

それでも女性が欲求を溜め込まず、蓋をせずに人生を送るためには、どういった工夫が必要なのだろうか。

「もともとセックスが好きじゃない人もいますので、性行為自体でなくてもよいと思います。推し活とかでもよいのではないでしょうか。結婚していても子供がいても、仕事と家庭以外の居場所が必要なのだと思います。そういう場所がないと子供が巣立った後、頑張りがいも自分の居場所もなくなってしまいますよね。必要なのは、ときめくことができて、ドキドキする非日常の時間と場所。今の世の中で、自分の欲望や欲求と向き合い折り合いをつけるのは本当に難しいことですが、老齢期の方たちと多く接する中で、人は自分の生きたいように生きるのが正解なのだと思うようになりました」（同）

確かに、人間と人間の関係というのは様々であり、夫や妻以外の相手と関係があったとしても、それを一概に悪いことだとするのはおかしなことである。配偶者以外の人との触れ合いの中で、男や女としての幸せを見いだしたり、性的な快楽を見つけたりする人もいるだろう。それが悪いことだとして決して許されないというのは、とても息苦しいことではないだろうか。

「自分を抑圧して生きてきた人は、自分に対しても周りに対しても余裕がありません。日本の場合、結婚して子供ができると、一生懸命働いたり、子育てをしたりして、父親、母親の役割を果たし続けます。そしてそのように存在することが、一生懸命に生きているということになってしまう。結果的に人生の意味合いを、そういった〝役割〟に全て取られてしまっているような気がするんです」（同）

自らの性欲をなんとかしたいと訴える70代女性

北海道で介護の仕事をする一方で、リラクゼーションサロンを運営し、性の悩みや困りごとを語り合う交流会を開催している石倉さやさんも、高齢者が介護の現場では性欲のない存在として扱われていることに対して疑問を抱く一人だ。

「現在、高齢者に対する介護保険といった公的なサービスや支援はいろいろとあります。でも、そこを利用する高齢者は性欲のない存在として扱われている場合が多く、例えば、施設や病院で高齢者同士の性的な行為があったら迷惑だとされていることがほとんどです。確かに介護する側、施設側からすれば、存在しないものとしたほうが楽なんですよね。性的な行為があると片付ける手間が生まれますし……」

また、介護する側、施設側の無理解から誤解されることもあるという。

「性欲のようなものを感じることや性の願望を表に出すことがあっても、『色ボケしている』と認知症と混同されて要注意人物にされてしまったり、人とのスキンシップが欲しくてお尻を触ってしまうとセクハラ認定されてしまったり……そういうことも多々あると感じます」（石倉さん）

そのような介護の現場の中で、利用者から性の悩みを持ちかけられ、その対応に困ることも実際にあったという。

「以前、作業療法士の20代の男性が70代後半の女性の患者さんから、『私ね、性欲がすごいの』と相談を受けたそうなんです。ケガをしてリハビリに来ている独り暮らしの方だったのですが、『旦那が亡くなって以来してないの。いつでも私はできる状態なのに。これから施設に行ったら、完全にできなくなってしまうでしょ。今のうちに、どうにかしたいの。先生、どうすればいいですか？』と言われて困ってしまったと。作業療法士から、『石倉さんだったらどうしましたか』と尋ねられ、聞き取りをどの程度したのかと確認をしました。そうしたら、『その性欲は、どれくらい本当のセックスを求めているものなのかと聞きたかったけれど、その環境では聞けずに、中途半端になってしまった』とのことでした。結果的に、その作業療法士は、『僕もどうにもすることができないです。お役に立てずすみません』としか言えなかったそうで、対応の難しさを感じたそうです」（同）

このような状況になった時に対応ができないということは、性の健康に関する訴えに対してどう対処するかを、教えられていないということである。そもそも、患者の性の健康について学ぶ機会がない、ケースワークが共有されないという部分に大きな問題があるのではないか。このような相談があった場合に、対処を提案するスキルを身につけておくことも、介護の現場では必要なのではと疑問に思った。

「実際、私もこんなことがありました。その方は50代で離婚をして独居生活だったのですが、糖尿病から全盲になり訪問介護を受けていました。私が通い始めた当時はもう60代になっていたのですが、毎日のように通って2～3年が経過した頃、体を触りたい欲求が出てきてしまったんです。『掃除しなくていいから、隣に座っていて』『お風呂に一緒に入ってほしい』『肩を揉んでくれないか?』などと言うようになったんです。『私、ちゃんと仕事しないとクビになっちゃうよ』となだめたりしていたのですが、そういう触れ合いを求めていても、介護士は叶えることができないんですよね。3か月くらいそういう中途半端な対応で収めることが続いていたのですが、ある日突然に、担当を外されてしまったんです。これだけ長い間接していると、人間としての感情も生まれてくるので、すごく切なかったですね。もしかしたら、『私じゃ役に立てないけれど、こういうサービスがあるよ』と教えることができていたら、今でも良い関係を保てていたのかもしれません」(同)

高齢者が自らの性を語り始める時

性に関する訴えを良いタイミングで引き出し、それに対応するのはなかなか難しいと石倉さんはしみじみ話す。しかし、人によっては話せることもあった。それは次の2つのケースだった。

「70歳以上の女性ですと、セックスは子供をつくる行為であり、ご主人に言われた通りにするもの……と思っている方が多いのでしょうね。性にオープンな方は少なく、頭がしっかりしているうちは性的な話をしないことが大半です。ある認知症の高齢女性のケースですが、その方は旦那さんとの行為をよく喋る方でした。その方とはいろいろな話をしましたね。80代まで毎日して一緒に寝ていたとか、70歳過ぎた頃から分泌量が少なくなったけれど、お父さんも元気がないから入っているか入っていないかわからないとか。『添い寝でペタッとくっついていたのよ、それが私たちのスタイルだったの』というようなことも、認知症が入っているから話せた感じでしたね」（同）

ずっと抑え込んでいた夫婦の幸せな性生活を、認知症になったために打ち明けることができた。それを誰かに話して「素敵ですね」と言ってもらいたいという願いを解消できたのだ。

そしてもう一人、性のことを話せる女性がいた。

「すごく真面目でそういう話をしない人でも、ハンドマッサージをしながらお話をしているうちに、『昔はこうだった』と楽しくするようになったりするんですよね。肌の触れ合いで心を開くことはとても多いです。以前、60代で再婚したご夫婦がいらしたのですが、80代になってもいつも手をつないでいました。寝るのも一緒だったそうですよ。

ご主人が先に入院したのですが、奥さんは毎日病院に通っていて、『今日はベッドでちょっと一緒に横になっちゃった』などと言っていました」（同）

つまり、その女性は夫婦の性的なコミュニケーションを大事にしていて、それを前向きに捉えていた。だから、親しい人にこの幸せな時間のことを話したいという感覚で話してくれたのだ。

「夫婦でも肌の触れ合いを必要としていない方もいれば、すごく必要としていて大事にしている方もいます。いろいろな夫婦がいて、いろいろな人がいるのに、それを聞き取って酌み取る環境がないんですよね」（同）

もちろん性生活がその人にとって不必要なことで、性に関わることで何ら困っていなければ敢えて話す必要はないし、話せないことで困ることもないだろう。けれども、必要なのか、不要なのか、大事にしているのか、嫌悪しているのか……それらを確認することすら機会がないというのは不思議なことである。性は、健康や生活の一部なのに、まるっきりすっぽりと日常生活で表に出してはいけないことにされている状態は確かに違和感がある。

例えば、入院施設では食欲や睡眠については「よく食べられましたか？」「よく寝られましたか？」と問診があったり、自分で書き込んだりする必要がある。排便や排尿についても、一つの健康のバロメーターとして尋ねられる。

「性に関しては個人任せになっているんです。そこに気遣う人が存在していないんですよね。例えば、『何歳まで朝勃ちしていましたか？』とか『何歳まで性行為がありましたか？』というようなことを、体調確認の一環として声かけをしていくと変わっていくのかもしれません」（同）

性産業のプロがシニアの健康をサポートする

もし、健康や体調を気遣う項目の一つとして、性に関する質問も入ってくるならば、そこから見つかる病気や体の不調もあるかもしれない。より快適な生活を送れるよう解決のアドバイスもできるかもしれない。これまで当たり前のように、性について健康面から尋ねることはなかったけれど、その当たり前のことを見直してみてもよいのではないだろうか。

例えば、出産経験のある高齢女性は骨盤臓器脱という症状に悩む人もいる。違和感があるだけでなく、下着と擦れて痛みを感じるなど辛いものである。そういった悩みを相談されることもないのかと聞いてみた。

「今まで５００～６００人以上と関わってきて、その半分ほどは入浴介助での関わりがありますが、性器の悩みに関する話は一切ありませんでした。出産の話はよく出るんですよね。裂けてしまったとか産後の肥立ちについてとか。でも、性器そのものの話は聞いたことがないです。施設でも訪問介護でも、入浴介助は背中や腕、髪の毛は介助するのですが、前面やお股の部分は自分で洗うんです。私たちも見るべきところじゃない、触るべきところじゃないという感じがあります。男性は出てるから見えちゃうけれど、女性はオープンにはならないので、話す機会自体ありません」（同）

このような状況に長年接してきて、石倉さんは次のような計画を立てている。

「今、ソーシャルワーカー、社会福祉士の方と一緒に活動して、構築していこうとしているものがあります。それは介護保険外のサービスで、高齢者に様々な刺激を与えていこうというものです。介護保険では日常生活の最低ラインしか利用できないんですよね。窓拭き、買い物、散歩といったことすらダメです。つまり、最低ライン以外のことをしてもらいたかったら、また別のサービスを探さなくてはなりません。でも、高齢者の方はインターネットが使えない方が大半です。『もっと楽しみが欲しい』とか『トキメキが欲しい』という高齢者のために、マッサージや一緒に買い物にいったり、お化粧をしてあげたりと、介護保険外のサービスとつながれるシステムが作れないかと、それを構築しているんです。ただ、性に関しては風営法があるので、性に特化したサービスの提供は作ることができません。そういう点においても、人の生活と性というものはまだまだ壁がありすぎるなと感じます」（同）

性欲の解消や性的な望みの実現といったことは、射精やオーガズムを促すといった直接的な行為だけではないだろう。手をつないで買い物に行く、一緒にお風呂へ入って体を洗ってもらう、腕枕で添い寝をする……そういったことが性欲の解消や性的な望みの解消になる場合もあるだろう。

しかし、今は、その人が果たしてどんなことをしてほしいのかと、その願望とじっくり向き合うスタート地点にも立てていない。しかも、自分の本当の気持ちに気づくのは易しいことではなく、人から質問されてようやく気づけることもある。だから、そういうコミュニケーションを持つ機会があるといい。

誰でもいつかは死ぬ。高齢者の場合、病気をしたら回復する見込みがないというケースも少なくない。かかった病気が現状維持、もしくは悪化していくという日々の中で、食事もたくさんは食べられない、出かけることができるエリアも限られるというように、人生の楽しみは少しずつ減っていく。その生活の中で、ときめきのあるコミュニケーションを得られるというのは、どれだけ華やぐことになるだろうか。

「私があったらいいなと考えているのは、プロを呼べる環境のある施設です。人肌が恋しい時は添い寝の人、まだまだ元気だったらそういう行為ができる人というように、その方に合ったプロを呼ぶことができる。将来的には、そういう施設ができていくことが幸せなのではないかと思います」（同）

性の娯楽やサービスのプロは、人の幸せに役立つ職業人なのだと、社会制度の枠組みに入れていくことを考える時代に差し掛かっているのではないか。

※本書に記載されている内容やデータ、価格は2024年1月時点のものです。

おわりに

誰もが性的な夢を叶え、幸せを実感できる世の中へ

「やりたいことを我慢するのではなく、最初から諦めることで折り合いをつける」

取材の中でその言葉を聞いた時、筆者は何も言葉を返せなかった。その言葉を自分の中で反芻するうちに、これをしっかりと受け止めなければならないと感じた。

人は生きている中で、誰しもやりたいことを全てできるわけではない。我慢したり、途中で諦めたり、やりたいことに近いことをすることで納得したりと、様々な方法で折り合いをつけていく。

性についても同じだ。心の底から愛する人と恋人関係になれ、結婚し、その後も豊かな性生活を続けられれば、それは一つの幸運な結果だろう。けれども、その幸せを手にできる人はどれだけいるのだろうか。

したくてもできない、する相手がいない、相手を見つけることが難しい……様々に、やりたいことができない状況が揃う。

また、相手の病気や死によって一度は手にした幸運を失うこともある。人生を歩んでいく中では、常に完全に幸せだという状態を続けていくことは不可能だ。山あり、谷あり、時には雨風も吹く。だから、目の前の現実と向き合い、折り合いをつけ、その時々で納得できる生き方を選び取っていく。

もし、したくてできることが、お金を支払うことで叶えられるなら、後ろめたさや罪悪感を抱かないでできるといい。また、利用する娯楽やサービスが安全で信頼できるものであるといい。そのように考えている。

けれども、性関係を結ぶということは、個人の倫理や感情に触れるものであり、しかも一人では成し遂げられないから厄介だ。

歳を重ねると、セックスレスや不和など夫婦間に問題があるケースもあるが、病気により性生活が途絶えてしまうケースもある。また、認知症になりコミュニケーションができない、うつ病になり性欲がなくなった、脳の病気や事故などにより体に障害が残り性生活をもてなくなったということも考えられる。

こういうケースでは「相手が病気になってできないだけなのに、それを見捨てて他の性交渉を持つのか？　なんてひどい人なんだ」と非難する人もいるだろう。もちろん、相手の介護を続けることにやりがいを見いだし、その生活に不満や不安、孤独感がないのであれば問題ない。

けれども、介護疲れによる殺人や心中など痛ましい事件は度々起こる。厚生労働省によると2010年4月～2020年3月の10年間で、配偶者や子供などの養護者による殺人、傷害致死、心中事件などで224人の高齢者が亡くなっている。こういった事件は氷山の一角で、その背景には悩み苦しむ人がとても多くいるのだろうと想像に難くない。寄る辺なさに耐えかね、どうしたらいいのかと悩みながらも、ただ目の前の現実を受け入れるしかないと諦めの気持ちで、誰にも本音を吐露できずにいる人はどれほどいるのだろうか。

深い悩みの場合、親しい人にはかえって話しにくい、日常生活の中で接する人よりも少し遠い存在のほうが打ち明けやすいということもある。同時に、解決になるアドバイスを求めるのではなく、ただ聞いてほしいという場合もある。

そんな時に風俗やストリップ、ＡＶなどこの本で紹介した様々な娯楽やサービスの存在は意外と助けになることがあるように思うのだ。

私事で恐縮だが、2022年11月に仲のいいAV女優や仲間たちと「ｓｉｅｎｔｅ」という団体を立ち上げた。

出演者・制作者・技術者・プロダクションなどAV事業に携わる人、キャスト・店員・送迎スタッフなど風俗産業に携わる人、グッズメーカーや販売店の従事者、その他にも成人向けアニメや漫画のクリエイター、官能小説家など、性の娯楽やサービスに関わる職業は様々にある。そのような仕事に就く人たちが偏見や差別を受けない社会になるよう一助を担いたいとして取り組む団体である。

そこでは、性の娯楽やサービスの仕事を「セクシャルウェルネス産業」と呼んでいる。セクシャルウェルネスとは、ＷＨＯによって提唱されている「より良く生きるための性生活」を指す概念である。ＷＨＯの「性と生殖に関する健康と研究（ＳＲＨ）」のウェブページでは、性の健康を「性に関する身体的、感情的、精神的、社会的な幸福の状態」と定義しており、その達成は次の条件によって決まるとされている。

・セックスとセクシュアリティに関する包括的で質の高い情報へのアクセス。
・直面する可能性のあるリスクと無防備な性行為による悪影響に関する知識。

・性の医療にアクセスできること。
・性的健康を肯定し、促進する環境に住んでいること。

また、セクシャルウェルネスには性的指向と性自認、性的表現、人間関係、快楽なども含まれていると定義されている。そしてセクシャルウェルネスの実現には、強制、差別、暴力のない楽しく安全な性体験ができることが必要だとされている。

本書で紹介したように、現在の日本において、事業者として性の娯楽やサービスを提供している人たちの多くは、ニーズに応えるべく努力を重ね、きめ細かい需要を世に送り出している。その状況を踏まえて、セクシャルウェルネスという言葉をＡＶや風俗などの様々な性の娯楽やサービスの事業にも使っている。

一方、現在の日本においてセクシャルウェルネスという言葉は、主に潤滑剤やラブグッズの市場、不妊治療や更年期症状を解消する市場などを語る際に使われている。そこでは、愛する人と一つになる性行為が正しいことだとするメッセージが発信されることが多くあるが、それは倫理の押し付けに他ならない。配偶者や恋人と愛を育むことと、性を楽しむことは別のことである。

それを同時に手にできることは、一つの幸せな結果である。だが、〝正しい〟ことではない。

〝正しさ〟と一つの幸せな結果を混同してしまうと、〝正しくない〟とされていることを自分の幸せのために選んだ人は罪悪感や後ろめたさを抱いてしまう。

最初から諦めるのではなく、既存の娯楽やサービスを健全に利用して性の喜びを知り、幸せを実感できる世の中になっていけたら、きっと私たちは人生の最期までより豊かな時間を過ごせるはずだ。

そして、人生を終える時に、振り返り、自分らしい幸せな時間を持つことができたと、これで良しと締めくくれるはずだ。

カバーデザイン＝小田光美（OFFICE MAPLE）
本文デザイン・DTP＝亀井 健（オフィスキング）
編集＝江 建（ライチブックス）

中山美里（なかやま みさと）
1977年生まれ。東京都出身。編集プロダクション・オフィスキング所属。高校卒業後、ショーダンサー、出版社アルバイトなどを経てフリーライターに。雑誌やウェブで性をテーマに取材・執筆を行う。処女作『16歳だった ～私の援助交際記』（幻冬舎）がベストセラーに。主な著書に『ネット風俗嬢』（リンダパブリッシャーズ）、『漂流遊女』（ミリオン出版）、『高齢者風俗嬢』（洋泉社）、『副業愛人』（徳間書店）など。2022年にAV女優などの仲間と一般社団法人sienteを発足。AVや風俗などセクシャルウェルネス産業に対する差別や偏見をなくすための活動をしている。

扶桑社新書 488

ルポ 高齢者のセックス

発行日 2024年3月1日　初版第1刷発行

著　　者………中山 美里
発 行 者………小池 英彦
発 行 所………株式会社 扶桑社
〒105-8070
東京都港区芝浦1-1-1　浜松町ビルディング
電話　03-6368-8875（編集）
　　　03-6368-8891（郵便室）
www.fusosha.co.jp

印刷・製本………株式会社 広済堂ネクスト

Printed in Japan　ISBN 978-4-594-09690-8